AF382695

Le jeu de la fenêtre

et la transgression de la surface

dans les fresques

du Trecento et du Quattrocento

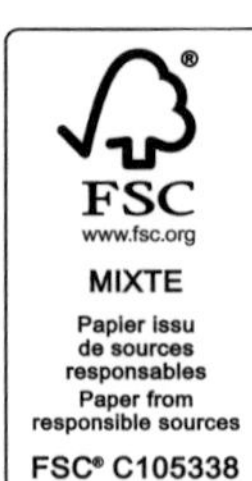

FSC
www.fsc.org
MIXTE
Papier issu
de sources
responsables
Paper from
responsible sources
FSC® C105338

« *L'apparaître de l'image ne se règle pas sur les nécessités de l'objet mais sur les exigences antérieures d'un regard accordé aux structures de l'œuvre en fonctionnement (c'est-à-dire) non pas bloquée par l'attitude analytique mais contemporaine du geste des formes* ».

Henri Maldiney *Regard, parole, espace* – réédité en 2012- Edition du Cerf - Paris

Christine GUYOT - CLEMENT
Master 2 Histoire de l'art
INHA - Paris 1- 2017-

Avant - propos

Ce deuxième livret d'art est la suite donnée à mon master 1 d'histoire de l'art de 2015, en un master 2, élaboré et soutenu en juin 2017 avec Philippe Morel et Marie-Laure Imbert à Paris 1, à INHA, rue Vivienne. Il complète la problématique du « jeu de la fenêtre » dans les fresques par d'autres détails architecturaux reconnus et étudiés pour leur intérêt quant à la recherche sémiotique des fresques de la période comme : l'angle saillant pris en compte par le peintre pour assurer une transition entre deux panneaux de sens, embrasements des fenêtres, débordements du cadre peint par la figure...autant d'exemples qui accréditent l'idée que les peintres des fresques du Trecento et du Quattrocento savaient se servir de l'architecture du lieu pour « représenter » avec réalisme et conviction la « storia » commanditée par des familles, des évêques ou encore les communautés religieuses à qui les chapelles appartenaient.
L'analyse de ces « détails » de peinture appartient à la famille des historiens d'art comme Daniel Arasse ou Philippe Morel, notre professeur, qui surent renouveler la méthode d'investigation propre à l'histoire de l'art pour la revivifier en lui insufflant la rigueur de la sémiologie sans qui l'image ne serait que « décoration » ou « illustration », voire « bien culturel » et non « représentation » de la manière dont les peintres du Trecento et du Quattrocento surent adapter à leur public savant ou non le message de l'histoire de St Jean Baptiste, de l'Annonciation de la Vierge ou encore du baptême du Christ, message-témoignage d'une vie révélatrice de la force d'un Dieu omniprésent dans son Église.
Pour nous, aujourd'hui, ce message se double de la force de la beauté esthétique de fresques qui survécurent à l'humidité des murs et même parfois à leur destruction. Elles témoignent d'un temps où le mur,

seul, peint pour raconter l'histoire d'une vie sainte, suffisait à instruire les ignorants ou à magnifier les possédants.
Que ces découvertes partielles des fresques étudiées dans ce petit livre vous donnent envie d'aller en voir d'autres sur place à Avignon, au palais des papes, ou en Italie.
Bonne route et belles découvertes !

L'auteur

Corpus des fresques
du Trecento au Quattrocento

Ambrogio Lorenzetti (1290 - 1348) Fresque de l'Annonciation à la chapelle de San Galgano

Pietro Lorenzetti (1280 - 1348) Fresque du lavement des pieds à la Basilique St François, inférieure d'Assise

Pietro da Rimini (1280 - 1350) Fresque du Golgotha à Santa Chiara à Ravenna

Matteo Giovannetti (1322- 1368) Fresques de la chapelle St Jean et St Martial au Palais des Papes à Avignon et à la chapelle St Jean-Baptiste à Villeneuve les Avignons

Matteo Giovannetti (1322 - 1368) Fresque de la Chambre du cerf au Palais des papes à Avignon

Masolino da Panicale (1383 - 1447) Fresque de Sainte Catherine à San Clemente à Rome et fresque du Baptistère de Castiglione Olona

Piero della Francesca (1412-1469) Fresque de la chapelle Bacci à Arezzo

Lippo Vanni (1340- 1375) Fresque de l'Annonciation à l'ermitage de San Leonardo al Lago

Filippo Lippi (1406-1469) Fresques de St Jean Baptiste et de St Étienne à la Basilique de Prato

Introduction

La pratique du mur peint - la fresque ou la peinture pariétale - s'avère
être la plus ancienne trace connue d'expression artistique sur des modes
divers, dans pratiquement toutes les civilisations. Pour nous, apprentie
historienne d'art, elle constitue un moment clé du changement des
moyens d'expression que les peintres surent précisément - au Trecento
et au Quattrocento en Italie et aussi à Avignon au Palais des Papes -
élaborer quant à leur capacité à raconter les « *storie* », les histoires des
Saints, du Christ et de la Vierge Marie, sur ces surfaces pariétales
vierges que les lieux de culte leur offraient pour répondre à une
demande de commanditaires religieux, soucieux de célébrer le pouvoir
de Dieu sur les hommes au sein de leur croyance liée à l'Église
Catholique, mais aussi de célébrer leur pouvoir social par la mise en
représentation peinte du destin de ces hommes de foi que furent St Jean
Baptiste, Saint Étienne, Sainte Catherine ou encore l'Annonciation faite
à Marie ou des scènes de la vie du Christ (cf :le lavement des pieds de
Pietro Lorenzetti à la Basilique Inférieure d'Assise ou la Crucifixion à
Santa Chiara à Ravenne) magnifiés, mis en scène, humanisés par la
narration peinte de ces peintres qui contribuèrent à la pérennité de leur
personne et de leur pouvoir.

Notre étude se focalise sur des détails repérés de composition des
peintres avec l'architecture des lieux qui avec tout leur savoir-faire
surent « jouer » avec elle. Ainsi, la présence de la fenêtre au cœur de
leur composition pariétale fut l'objet de notre recherche en Master 1 .
En licence, Madame IMBERT nous avait présenté la fresque de Matteo
Giovannetti de la Chapelle St Martial à Avignon où le peintre s'était
servi de l'angle saillant du mur, ménagé par l'embrasure de la fenêtre,
pour figurer la profondeur de l'architecture peinte de la pièce où se
déroulait la scène représentée. Grâce à son cours sur Giotto, nous fûmes

convaincus de l'importance de la peinture de cette période pour bien comprendre ses développements futurs à la Renaissance et au-delà. Les fresques de Giotto établissent les fondements d'une nouvelle peinture et de son rôle pour les communautés religieuses commanditaires mais aussi pour le public des fidèles qui les regardaient lors des célébrations auxquelles ils étaient conviés (vie liturgique, pélerinages).

Instruire, remémorer et édifier sont les trois actions dominantes des fresques du Trecento et du Quattrocento. Par rapport aux textes accessibles aux seuls lettrés, les images peintes des scènes qui narrent les moments les plus exemplaires des vies des Saints, de Marie ou de Jésus exercent un impact très fort sur le public car elles mettent sous *ses yeux* des événements passés qui acquièrent, grâce à elles, une actualité qui par la magie de leur représentation les rendent réels. La doctrine officielle de l'Église : le *Rationale divinorum officiorum* de l'évêque Durand de Mende en 1291 l'atteste. (Guillelmi Duranti *Rationale divinorum officiorum*, ed. A. Davril et T.-M. Thibodeau, adiuvante B.-G. Guyot, Turnhout, Brepols (Corpus christianorum. Continuatio mediaevalis, 140, 140A, 140B), 1995-2000, 3 t.)

C'est pourquoi, étudier dans le détail le jeu de la composition de ces fresques avec les éléments architecturaux comme nous le faisons dans ce Master 2 : angles saillants et rentrants, voûte, fenêtre, surface pariétale... consiste à mieux comprendre comment ces peintres à la suite de Giotto furent capables de « toucher » les sens, en particulier - l'œil étant le dispensateur des émotions- créant un rapport actif avec leur public. Même si Boccace parle de « perception ignorante » (pour les illettrés) face à la « perception intelligente » (des lettrés et des savants), la peinture des fresques allient le « diletto » - la délectation - et « l'intelletto », la connaissance. Aussi, tenter d'approfondir comment les peintres jouent avec la surface pariétale et l'architecture revient à s'approprier, à notre tour - sept cent ans plus tard - leur force de persuasion, la « pensée » mise en peinture qui leur a donné le jour.

Bien que ce rapport peinture / architecture ne soit pas nouveau, comme une spécialiste du trompe-l'œil, Myriam Milman[1] l'écrit : « *Le lien peinture/architecture semble avoir toujours existé : des éléments architectoniques peints ont, depuis l'antiquité et sur presque tous les sites, « mis en scène » des motifs figuratifs et/ou des textes peints dans des encadrements, soubassements, colonnades, frise, fausses ouvertures [...]*, il n'en demeure pas moins qu'en étudiant notre corpus des fresques du Trecento et du Quattrocento, nous nous situons dans l'histoire de l'art de la fresque qui connut ce renouveau dans cette période dont nous voulons souligner non pas le pourquoi mais le comment.

En effet, la méthode de l'histoire de l'art s'est renouvelée et au-delà de l'iconologie ou de l'iconographie, indispensables à la lecture des œuvres, elle exige de nous faire regarder au plus près (pour savourer le détail de telle ou telle architecture peinte ou de tel ou tel geste accompli par les figures peintes) pour enrichir notre connaissance de ces œuvres et par là même restituer au peintre son intelligence à peindre ces surfaces pariétales avec un esprit de composition et d'attention au bâti architectural qui manifestent leur originalité propre.

En Occident, « *Dans la peinture murale, l'emploi de la perspective scientifique a donné sa vraie dimension au trompe-l'œil architectural ; il l'a aussi poussé jusqu'à ses limites. Par la négation de la réalité architectonique du support, ou par son amplification, .../... Le trompe-l'œil architectural utilise le nouvel espace perspectif pour affirmer la troisième dimension d'un monde à l'échelle de la nation et de l'être humain.* » [2]

Pour notre corpus des fresques de 1300 à 1500, le travail pictural des peintres répertoriés s'accomplit AVANT la mise en place de la perspective même si pour certains comme Filippo Lippi à Prato (1452),

---

[1] Milman Miriam *Les architectures peintes en trompe - l'œil* Skira 1992 (p.27)

[2] Cf : www.a-fresco.com

elle est déjà acquise ou encore pour Piero della Francesca à Arezzo(1466) Cependant, nous nous servons au chapitre 1 de la notion du trompe-l'œil et de ses principes de réalisation pour affiner les mots clés de notre corpus et mieux comprendre celui de « transgression de la surface », mot clé de notre étude de master 2.

De plus, Miriam Milman souligne la place du regardeur face à ces peintures pariétales quant au pouvoir visuel du trompe-l'œil. Même si notre sujet d'étude n'est pas le trompe-l'œil en tant que tel, ce qu'écrit cette auteure reste profondément juste pour le rapport que nous entretenons face aux « trouvailles » des peintres concernant les « solutions » qu'il apportent quant à la transgression de la surface.

« La peinture murale religieuse, sous ce mode de trompe-l'œil architectural, offre au peuple la proximité, la présence « réelle » des figures de l'histoire sainte, et le soulage en partie de l'effort d'imagination nécessaire pour accéder aux mystères des Ecritures [...]C'est ici qu'apparaît la comparaison avec le décor de théâtre, qui a toujours utilisé le trompe-l'œil pour transposer le spectateur dans un monde imaginaire. Mêmes techniques, fondées sur les lois de la perspective, et mêmes peintres parfois, que l'on trouve en scénographes comme en « quadraturistes » (décorateurs de l'architecture). Mais le point de vue du public de théâtre est fixe : il n'a donc besoin que d'un seul point de fuite pour s'immerger dans le trompe-l'œil du décor de théâtre. Le public qui regarde l'architecture lui, est mouvant : son déplacement suppose, pour que l'illusion de la réalité fonctionne quelle que soit sa position, de multiplier les points de fuite... »[1]

En effet, notre place face à ces fresques n'est pas fixe, c'est pourquoi comme Philippe Morel nous l'a suggéré, il y est question de « parcourabilité ». Etudier des fresques « in situ » comme nous l'avons fait en allant à pied d'œuvre dans les édifices où elles demeurent, exige de nous un regard et une attitude dont nous précisons les contours dans le chapitre 1.

---

[1]Milman Miriam *Les architectures peintes en trompe-l'œil* Skira 1992

Ainsi donc, ce Master 2 fait suite à notre Master 1 élaboré autour de la problématique centrée sur *le jeu de la fenêtre* dans les fresques du Trecento et du Quattrocento pour lequel le corpus choisi avait retenu les fresques suivantes :

- Ambrogio Lorenzetti (1290 - 1348) Annonciation à la chapelle de San Galgano
- Matteo Giovannetti (1322- 1368) fresques de la chapelle St Jean et St Martial au Palais des Papes à Avignon et à la chapelle St Jean-Baptiste à Villeneuve les Avignons
- Masolino da Panicale (1383 - 1447) fresque de Sainte Catherine à San Clemente à Rome et fresque du Baptistère de Castiglione Olona
- Piero della Francesca (1412-1469) fresque de la chapelle Bacci à Arezzo

 Le corpus du Master 2 s'est enrichi des fresques suivantes selon les conseils de nos professeurs :
- Pietro Lorenzetti (1280 - 1348) Fresque du lavement des pieds à la Basilique Inférieure d'Assise
- Pietro da Rimini (1280 - 1350) Fresque du Golgotha à Santa Chiara à Ravenna
- Lippo Vanni (1340 - 1375) fresque de l'annonciation à l'ermitage de San Leonardo al Lago
- Matteo Giovannetti (1322 - 1368) la fresque de la Chambre du cerf au Palais des papes d'Avignon
- Filippo Lippi (1406 -1469) la fresque de St Jean Baptiste et de St Étienne à la Basilique de Prato

 A la fin de notre mémoire de Master 1, nous terminions notre étude par une sémiologie de la fenêtre, en indiquant la polysémie de son rôle et de sa place dans les diverses fresques. En accord avec Mme Imbert et Philippe Morel, nous avons décidé de poursuivre cette étude avec d'autres fresques et d'autres exemples afin d'élargir cette étude parcellaire de la fenêtre par une autre qui systématiserait le jeu de *la transgression de la surface* selon les modalités propres à chaque cas répertorié.

Comme l'écrit Joachim Pœschke dans l'introduction de son bel ouvrage *Les fresques italiennes du temps de Giotto 1300 - 1400* [1] :

« *De multiples bouleversements et développements stylistiques sont intervenus dans l'espace du temps considéré (1300 - 1500) qui s'expriment de diverses façons.*

Ils se manifestent dans les caractéristiques et les évolutions individuelles des artistes mais aussi dans les pratiques changeantes des ateliers et dans les préférences régionales pour tel ou tel moyen d'expression artistique. »

L'étude de ces « détails » picturaux- véritable moyen d'expression artistique- annonce les prémisses de ce qui sera réalisé beaucoup plus tard avec ce que Le Bernin appellera « le bel composto » qui allie la sculpture, la peinture et le bas-relief - sorte d'apogée des procédés mis à l'honneur par le maniérisme tel qu'il s'est exprimé à Mantoue avec les peintures en trompe-l'œil que sont la Chambre des Epoux (1465-1474) de Mantegna et la salle des Géants de Giulio Romano (1532 - 1533).

En effet, la période baroque fit coïncider peinture et architecture ; le bâti offre un cadre spatial à l'image qui sublime l'architecture. Tout y est envol, apogée, apothéose. La période baroque marque un tournant dans l'art en mêlant étroitement la peinture et le bâti. Le public doit se sentir transcendé par ce qu'il voit. L'image peinte ou sculptée (Ste Thérèse) est ascension vers le divin.

Pour notre corpus de fresques de 1300 à 1500, les faits picturaux analysés, ces « détails », ces « trouvailles » atteignent la force d'un procédé car leur étude atteste et témoigne d'une « pensée » propre qui enrichit notre connaissance de ces peintres de la pré-renaissance avant que ne soient théorisés et connus les procédés picturaux de la perspective linéaire ou atmosphérique par Brunelleschi (1415) puis par Alberti dans son *De Pictura* en 1439-1441.

---

[1] Pœschke Joachim *Les fresques italiennes du temps de Giotto 1280-1400* Citadelles et Mazenod 2003 (p.9)

Ainsi donc, dans ce mémoire, dans un premier temps, nous définissons notre méthodologie en reprécisant les termes même de notre problématique : jeu avec la fenêtre, profondeur de l'image, trompe l'œil et transgression de la surface ainsi qu'également notre attitude réflexive d'historienne d'art pour en analyser le sens en tenant compte de l'héritage sémiotique d'un Damish ou d'un Marin complété d'une attitude phénoménologique référencée à Henri Maldiney.

Dans un deuxième temps, nous présentons les lieux et les fresques de notre corpus en les hiérarchisant selon la « solution » trouvée par le peintre - chacune propre - pour rendre compte de cette transgression de la surface selon un plan qui sera le même pour chaque fresque et lieu :
 a/ Description du lieu et de la fresque avec le renvoi aux photos regroupées dans le dossier 2
 b/ Analyse et sémiologie du procédé mis en place par le peintre
 c/ Bilan et place de ce procédé en regard des autres / comparaison et signification.

Dans un dernier temps, en conclusion, nous rappelons comment ces faits picturaux dans leur manière de faire annoncent en quelque sorte ce qui culminera avec le « Bel composto » comme le Bernin l'a appelé : ce mélange d'architecture, de peinture et de sculpture qui tendent à magnifier, sublimer et imposer au spectateur à l'époque - ce croyant plein de piété qui en voyant la scène de la transfiguration de Ste Thérèse ne peut qu'être conduis par ses sens à une conversion spirituelle.
En fait, il s'agit de constater et d'analyser la présence de plus en plus manifeste du rôle de notre présence physique : corps, âme et esprit donc de la totalité de nos sens mis en mouvement, impliqués dans la vision du « spectacle » pourrait-on dire, donné à voir et à contempler en ces lieux de dévotion et de prière que sont les églises, les basiliques ou les chapelles.

L'histoire de l'art aime « à déchiffrer et mesurer ces particularités à l'aide de critères tels que la construction des visages et des mains, la gestuelle, le rendu des drapés, le rapport entre les corps et les habits, les jeux d'ombre et de lumière, le traitement des contours et des cadres environnant les personnages représentés »[1] et nous ajoutons la manière dont les peintres surent travailler leur composition avec le bâti architectural existant pour tout d'abord intégrer la fenêtre et ses embrasures, ce trou de lumière, de vide ménagée souvent au centre de la chapelle accueillant leur fresque ainsi que d'autres éléments architecturaux comme la voûte d'une porte (Pietro Lorenzetti à la basilique inférieure d'Assise), les angles des murs saillants et rentrants (Filippo Lippi à Prato), la totalité des murs de la pièce (cf : Baptistère de Castiglione Olona - Chambre du cerf au Palais des papes.

Il n'est pas question ici dans le cadre de notre recherche de Master 2 de faire un relevé exhaustif de ces particularités mais bien au contraire de pointer par les exemples choisis de notre corpus d'en étudier les manières et les effets, étant convaincue que cette étude rapprochée de la peinture pour reprendre une attitude que nous avons apprise avec Daniel Arasse suggère et apporte une lecture approfondie et bonne pour mettre en valeur la signification de ces gestes de peinture, dignes témoins d'une pensée en action apte à produire chez le regardeur que nous sommes une meilleure connaissance de l'œuvre, œuvre témoin d'un savoir-faire technique au service d'une volonté du peintre d'impliquer le regard « actif » de celui ou de celle qui regarde.

Ainsi, nous nous inscrivons dans ce travail d'historien d'art qui soucieux de respecter la pluralité des significations incluses dans l'œuvre observée, ne craint pas de s'appesantir sur des détails apparents pour restituer *in fine* la richesse et l'intelligence du travail du peintre et de son équipe au sein d'influences et d'imitations contemporaines qui nous permettent en 2017 de mieux comprendre les avancées stylistiques des fresques dans cette période du Trecento et du Quattrocento.

---

[1]Rœttgen Steffi *Fresques italiennes de la Renaissance 1400 - 1470* Citadelles et Mazenod 1996

Chapitre 1 Définition des termes fondamentaux de notre étude

A. Un corpus élargi par rapport à celui du Master 1

Le fait d'ajouter au corpus premier, les fresques de Filippo Lippi à Prato (1452-1466), celle de La Chambre du Cerf (1343-1344) au Palais des Papes à Avignon, L'annonciation de Lippo Vanni à l'Ermitage de Leonardo al Lago (1365-1370), les fresques de Santa Chiara - (1310- 1320) de Pietro da Rimini à Ravenna et la scène du lavement des pieds du Christ (1340) de Pietro Lorenzetti à Assise, complète en l'enrichissant notre problématique parce que les faits picturaux observés ne concernent plus le jeu de la composition de la fresque avec la fenêtre mais avec d'autres éléments architecturaux présents *in situ*.

a-1 Nouvelles fresques / nouveaux lieux

L'augmentation du corpus argumente, aussi, notre problématique dans la mesure où ne pouvant être exhaustive quant au listage de ces faits de peinture (le temps et l'objectif d'un mémoire de Master 2 ne le permettant pas), ces nouvelles fresques dans ces nouveaux lieux : Prato, basilique inférieure d'Assise, petite chapelle de l'ermitage de San Léonardo al lago, chapelle de saint Nicolas à Tolentino ou encore l'ajout de la chambre du Cerf, sise au palais des papes à Avignon témoignent d'un savoir-peindre à la fin du Trecento au Quattrocento qui attestent de cette volonté d'élargir le champ pictural en rendant de plus en plus vivantes, réelles, les scènes des protagonistes peints.

a-2 Une mise en comparaison des fresques entre elles

Ce corpus augmenté permet aussi de *comparer soit en amont, soit en aval* les fresques entre elles quant au traitement de la surface peinte et des moyens mis en œuvre parfois dans le même lieu comme à Prato où Uccello avait déjà peint la vie de St Étienne en 1434 - 1435 avant que Filippo Lippi n'exécutât la sienne dans la chapelle du chœur du Duomo, en 1452. Cette comparaison nous permet de mettre en valeur l'originalité du traitement de ces faits de peinture quant à la recherche d'une nouvelle expressivité propre au peintre qui les a réalisés. De même regarder les fresques de la vie de Marie de Domenico Ghirlandiao à la chapelle Tornabuoni (1485) après avoir étudié les fresques de Filippo Lippi à Prato (1452) permet d'oser des filiations ou du moins des influences entre les peintres ce qui participe du travail de l'historien en art qui, tout en étudiant « des détails » de ces fresques du Trecento et du Quattrocento n'oublie pas de les resituer dans une perspective historique plus lointaine pour nourrir une vision à la fois plus « proche » des œuvres mais aussi « plus précise » au sein de la période historique considérée pour mettre en regard des phénomènes, des styles trop souvent segmentés artificiellement.

a-3 Une limite chronologique de 1300 à 1500 : un point de vue élargi

C'est en cela que ces ajouts donnent du poids à notre recherche de Master 1 qui s'approfondit grâce à la richesse et à la diversité de ces exemples choisis dans cette période du Trecento et du Quattrocento (de 1300 à 1500) dans le cadre « modeste » de ce Master 2. Il serait passionnant d'en continuer les effets dans les réalisations postérieures du XVIème et du XVII ème siècle pour articuler cette période de pré-renaissance, avec celle de la Renaissance, puis du maniérisme et enfin celle du baroque qui culmine avec le « bel composto » du Bernin tel qu'il se donne à contempler à la Chapelle de Ste Thérèse (1676-1652) en l'église Santa Maria della Vittoria à Rome. Elargissement des styles, des moyens techniques employés d'envahissement de la surface pariétale avec les stucs, les quadro-riportati, les savoir-faire des peintres spécialisés dans les architectures feintes peintes - dans le cadre architectural illusionniste du *quadratura* comme Annibal Carrache le fit au Palais Farnèse en 1597 avec les scènes de la vie d'Hercule.

Les dates de notre corpus de **1344** avec *L'Annonciation* de Ambrogio Lorenzetti à San Galgano à **1466**, date de la fin des fresques représentant les vies de St Jean Baptiste et de St Étienne de Filippo Lippi à Prato permettent de bien observer les influences réciproques ménagées entre les peintres et leur équipe d'assistants - leur *botega* qui essaiment non seulement dans leur région mais aussi au-delà. Si nous prenons l'exemple du rayonnement d'Ambrogio Lorenzetti (1344) sur la composition picturale de Matteo Giovannetti (1346 - 1348) à Avignon quant au traitement des embrasures des fenêtres de la chapelle St Jean ou St Martial, cela est probant. Nous en tenons compte lors de l'étude des « solutions » propres à chaque fait de peinture dans le chapitre 2

B. Du jeu de la fenêtre à la transgression de la surface

Après avoir focalisé notre recherche en Master 1 sur le rôle et la place de la fenêtre dans la composition des fresques de notre corpus dont nous rappelons les avancées significatives, nous exposons la recherche qui fut la nôtre quant au mot-clé pour énoncer le fait de peinture - ce détail- objet de notre étude. Le terme proposé par Philippe Morel de « la transgression de la surface » rend compte de ce phénomène étudié mais il nous semble intéressant de rappeler nos tâtonnements avec d'autres notions dignes d'intérêt comme « épaisseur », « profondeur » car elles tissent un lien en amont avec la représentation des images au Moyen-Age.

 Car les choix portant sur la *mise en œuvre* du récit de référence du peintre du Trecento et du Quattrocento constituent sa décision et c'est au travers de cette *pratique* qu'il est loisible d'identifier sa théorie propre quant à sa capacité à rendre de plus en plus réel, « visible » l'espace du lieu représenté où « vivent » les protagonistes de l'histoire ainsi narrée et montrée. L'article de Didier Méhu [1] confirme l'importance de la notion de « lieu » pour comprendre l'espace à cette époque.

---

[1] Colloque Construction de l'espace au Moyen Age : pratiques et représentations XXXVIIème congrès de la SHMES (Mulhouse 2-4 juin 2006) Locus, transitus, peregrinatio de Didier Méhu

Cette notion de « lieu » est constitutive de la narration des scènes des vies des Saints représentée. Elle est aussi au plan socio-historique constitutive de la vie sociale des individus au Moyen Age.

« Les déplacements des hommes à cette époque assurent l'autorité des lieux. Le château/l' église.

Au-delà de la seule polarisation castrale, on remarquera que l'aristocratie laïque se construit par l'appropriation de lieux (la forêt, la lande, l'essart, l'île) qui n'existent que par des rituels,et les rapports sociaux qui s'y déroulent (la chasse ou le tournoi par exemple sont autant de mises en scène du déplacement) et qui participent activement de la réalisation sociale d'un groupe en quête de légitimité. [...]

Les Loca sont les points à partir desquels s'organisent l'espace, l'Histoire et les hiérarchies sociales. C'est là que la société se réalise et se met en scène. [1]» Ainsi, l'image de soi comme - par exemple- Filippo LIPPI se peint au milieu des docteurs lors de l'enterrement de St Étienne : il actualise sa place dans la hiérarchie sociale et assume son statut de peintre rebelle et hors norme dans la société de son temps.

b-1 Rappel du rôle de la fenêtre comme élément de l'architecture pour représenter le lieu de la « storia »

A la fin de notre mémoire de Master 1, nous étudiions la sémiologie de la fenêtre comme un *trou dans la paroi* : en tant qu'aide architecturée pour peindre l'illusion voire le trompe l'œil, le *lieu du divin,un lieu de transition symbolique, une source de lumière -élément fondateur* de la composition.
Avec Matteo Giovannetti (1344) par exemple (Fig. 1)

---

[1]Op.cit.

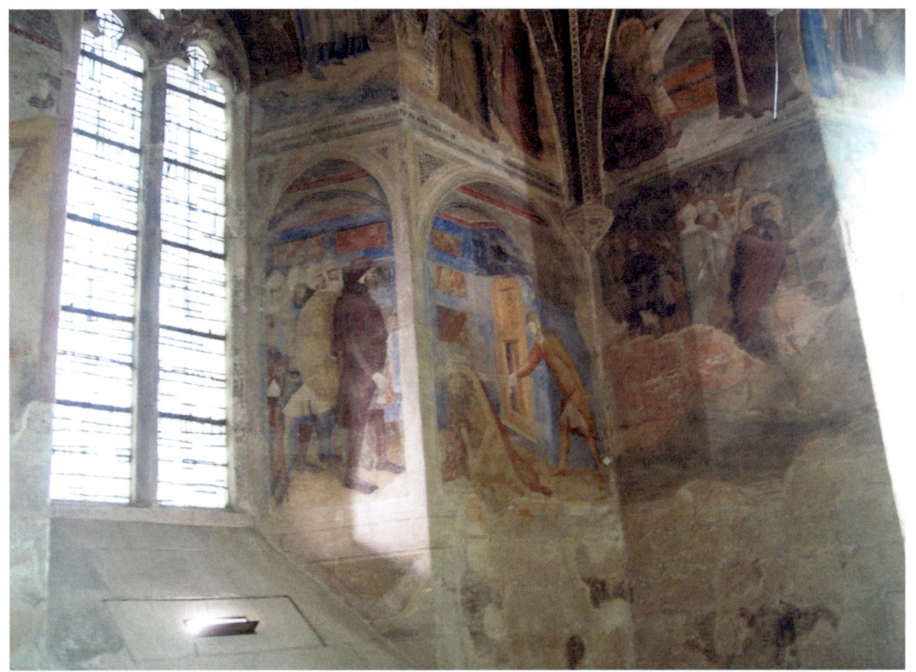

Fig. 1 *Angle de l'embrasure de la fenêtre de la Chapelle St Jean au Palais des papes à Avignon peint en colonne de soutien de la voûte de la pièce représentée où St Jean Baptiste est décapité. Matteo Giovannetti -1346-*

L'angle de l'embrasure de la fenêtre de la chapelle St Jean est peint en colonnade d'angle pour figurer l'architecture peinte qui visualise le « lieu » de la scène de la décollation de Jean-Baptiste. Ici cet espace du bâti peint par Matteo sert la représentation de la profondeur, du volume de la pièce représentée.

 Manière de faire qui atteste de la connaissance que le peintre avait de la fresque de *L'Annonciation* de la chapelle à San Galgano (1344). Matteo Giovannetti n'est pas un copieur mais bien au contraire un peintre qui se servant de l'audace picturale d'Ambrogio Lorenzetti, s'autorise de se servir du bâti architectural pour représenter les architectures peintes des différentes scènes de la *storia* .

Ambrogio Lorenzetti fut reconnu de son vivant comme un peintre « intellectuel », un « doctus pictor »[1] ce qui veut dire simplement qu'il théorisait son art et que sa peinture était « un office de raison », en le manifestant par des actes de peinture qui seront repris par d'autres quant à la nouveauté, bonne pour autoriser à peindre autrement, ce qui est en fait une manière active de tenir compte de la volonté de figurer les scènes de la *storia* du saint de manière de plus en plus *crédibles aux yeux du regardeur* pour qu'il s'en imprègne quant à sa foi et à sa vie face à des « modèles » de vie. Il en est de même pour la communauté monastique et les habitants la ville, les références historiques liées à un calendrier paroissial assumant ses fonctions religieuses et d'autorité spirituelle pour une population locale (cf : St Étienne à Prato, St Martial et St Jean à Avignon, et St Jean Baptiste pour Castiglione Olona, Sainte Catherine à San Clemente à Rome, ou le lavement des pieds des disciples du Christ à la basilique inférieure d'Assise).

Il est intéressant à présent de mettre en rapport cette manière de faire pour visualiser la profondeur de celle bien différente mais déjà recherchée par les peintres - en fait - les enlumineurs du Moyen Age.

b-2- Avant le Trecento - Importance de la notion de « lieu » et « épaisseur » de l'image -

De fait, comme Jean Claude Schmitt le rappelle dans son article, fruit de sa communication au Congrès des Médiévistes en 2005 :[2]
 « Ce qui est souvent décrit (la perspective artificialis) - comme une « soudaine révolution de la culture à la Renaissance s'inscrit en fait dans un processus très long qui commence avant le Quattrocento et évolue jusqu'au XVII ème siècle. »

---

[1] Daniel Arasse - *L'Annonciation italienne* -2003- Hazan p.92
[2] *L'image dans la pensée et l'art au Moyen Age : colloque organise à l'Institut de France le vendredi 2 décembre 2005 par l'Association Rencontres Médievales européennes.* Actes ed. par Michel Lemoine - p.318

En effet, nous devons nous rappeler qu'au Moyen- Age, le « lieu » s'identifie à son contenu concret.A cette époque -le XIIème siècle- les images sont encore de type « épiphanique », c'est-à-dire qu'elles semblent se projeter au-devant du lecteur / spectateur.
Un exemple pour illustrer comment le peintre d'enluminure donne une « épaisseur » à l'image. Regardez l'image de la figure 2

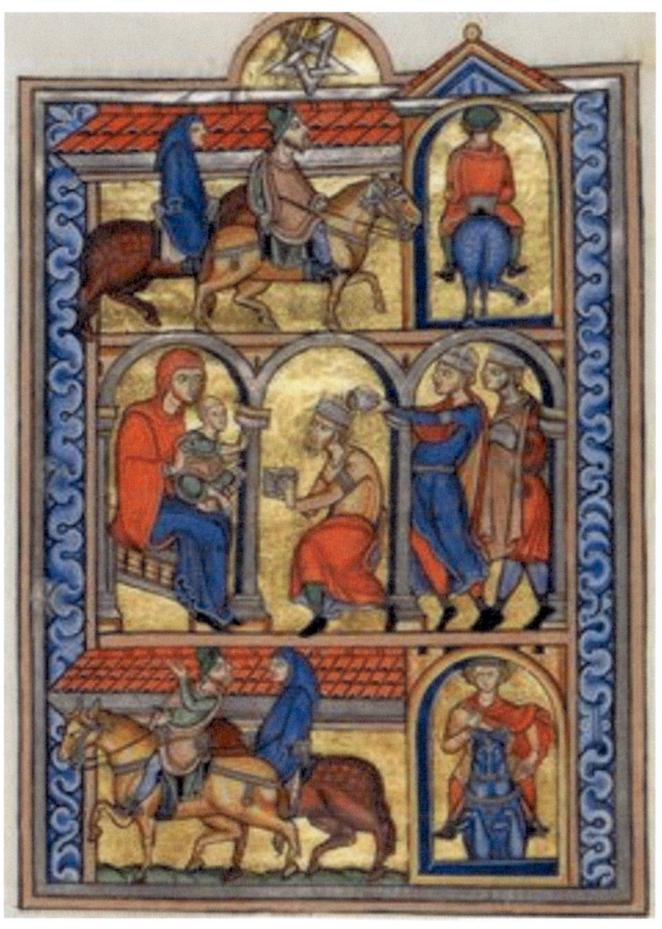

Fig.2 Missel de Berthold « Venue, adoration et départ des Rois mages ; New York PML 710 vers 1232

et vous comprendrez comment le peintre - enlumineur a voulu nous « montrer » la troisième dimension virtuelle que notre regard restitue « de lui-même »sans que nous ayons besoin de faire appel à beaucoup d'imagination.

Nous redonnons ici la description de l'image telle que J. C. Schmitt le propose dans le cadre de sa communication :

« Les rois mages du missel de Berthold (vers 1232)

La venue, l'adoration puis le départ des Rois mages occupent successivement les trois registres superposés d'une seule pleine page enluminée. Le registre supérieur et le registre inférieur présentent une même architecture, composée d'un long bâtiment à toit rouge s'achevant à droite par une porte ouverte. Au registre supérieur, deux rois à cheval longent ce bâtiment, tandis que le troisième pénètre par la porte et semble s'enfoncer dans l'épaisseur de l'image, ne laissant voir au spectateur que son dos et le postérieur de sa monture. C'est exactement l'inverse qui se passe au registre inférieur : cette fois, c'est le troisième roi qui sort de face par la porte tandis que ces deux compagnons longent déjà le long bâtiment à toit rouge. A la dissymétrie dynamique de ces deux registres répond la symétrie plus statique du registre médian : les trois arches égales qui le constituent sont les « lieux » propres des divers personnages, soit de droite à gauche, deux rois debout puis un seul à genoux et enfin l'accueillant la Vierge et l'Enfant. »

Et J.C.S ajoute que « cette image exceptionnelle montre éloquemment comment le temps du récit, dont le développement va de plus en plus caractériser les images « gothiques » travaille *« l'épaisseur de l'image pour donner l'impression de l'approche vers le lieu de l'Incarnation puis d'un nouvel éloignement*. ».

Dans le cadre de notre recherche, nous n'avons pas à nous appesantir sur cette période antérieure à notre thématique mais il est intéressant de noter que cette troisième dimension qui est celle du « volume », de la profondeur - présente dans l'espace réel vécu des hommes - intéresse déjà les peintres avant que Giotto (1296) - avec la division en scènes successives dans un cadre peint, lui-même accueillant des architectures feintes / peintes- ne cherche à représenter la profondeur des maisons et celles aussi des paysages.(Fig.3) pour conférer à sa

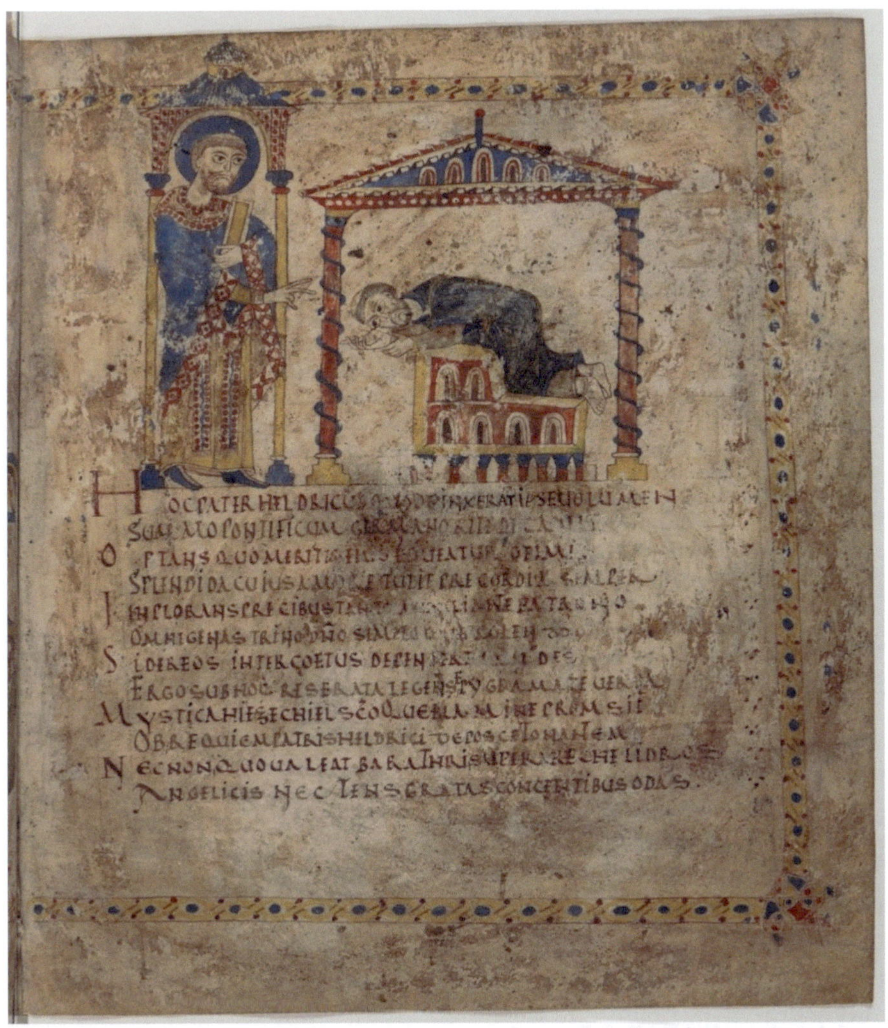

Fig. 3 Enluminure Manuscrit de l'abbé Heldricus (989-1010) Paris bnf lat.12302, fol, 2r

peinture et à la représentation de St François une humanité, une
« humanisation » des scènes représentées, aptes à « toucher », à
« émouvoir » le public venu se recueillir et prier dans la basilique
d'Assise.

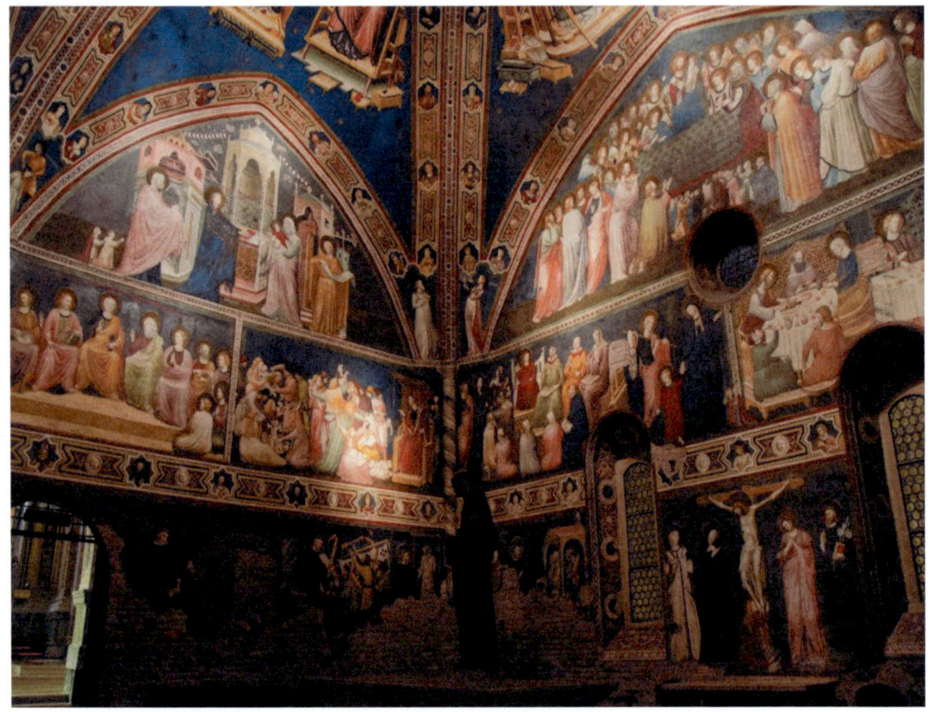

Fig. 4 Pietro da Rimini 1335 Chapelle St Nicolas - Tolentino

Les continuateurs de Giotto en particulier Pietro da Rimini à Tolentino
(Fig. 4) ont bien retenu la leçon du maître en travaillant les
mouvements / les attitudes des corps mais aussi des émotions des
visages.
En cherchant à rendre compte de la profondeur - cette 3ème dimension
-, ils gagnent la place qu'ils veulent avoir pour témoigner de scènes
peintes mais aussi réelles, presque humaines, que le spectateur
accueille avec son regard, « acte de voir » - « de co-working », « de
collaboration active » grâce à leur peinture virtuelle / visuelle qui

s'affranchit du plan pour oser la troisième dimension, seule apte à témoigner de la vie.

b-3- Le Trompe-l'œil

Cependant avant de repréciser le rôle du visiteur dans la perception de la profondeur peinte donc illusoire, nous devons approfondir la notion de trompe-l'œil qui de par sa technique nous aide à mieux décrire et comprendre le jeu de l'illusion qui est ménagé dans les faits de peinture de notre corpus.
L'excellent livre d'Omar Calabrese *Le trompe-l'œil* chez Citadelles et Mazenod nous a offert des données dont nous ne donnons que l'essentiel nécessaire à la bonne compréhension de notre recherche.
À la page 52, cet historien d'art italien détaille avec justesse les différents espaces convoqués pour perturber nos sens : celui de la vue et aussi notre corps tout entier.
Ainsi il écrit : « *La notion de « double spatialité » en la remplaçant par celle, plus précise de « quadruple spatialité ».*
La quadruple spatialité en peinture comprendrait :

- *l'espace simulé (l'espace virtuel de la profondeur, situé au-delà de la représentation) correspondant au contenu représenté*
- *l'espace de la représentation(l'espace réel, de la surface...)*
- *l'espace de la réception (espace implicite, ambiant, situé en-deça de la représentation)*
- *et enfin l'espace de l'exécution (l'épaisseur, la strate, la couche produite par l'auteur peignant)*

L'espace de la représentation a donc sa propre organisation, que l'on peut décomposer en quatre niveaux distincts :

l'espace 1 = la surface bidimensionnelle (le support de l'œuvre)
l'espace 2 = la profondeur de champ (la perspective)
l'espace 3 = l'extension de l'espace du tableau vers le spectateur ;

l'espace 4 =l'épaisseur produite par la peinture
Le trompe-l'œil altère délibérément les propriétés de l'espace de la représentation. Le trompe-l'œil classique aime à jouer avec l'espace 3 : le rebord, la niche, le seuil instaurent tous trois une relation directe avec le spectateur pour mieux l'entraîner et l'inclure dans la représentation. »

Pour notre propos, ce qui est important à garder ce sont ces différents niveaux d'organisation de l'espace de la représentation. En sachant que la perspective pour la plupart des peintres de notre corpus - exceptés Lippi et Piero della Francesca - n'était pas encore acquise.

Pour les faits de peinture qui sont ceux de notre corpus, parler de trompe-l'œil serait trop exagéré car ce n'est pas la volonté des peintres quand ils représentent les scènes de la « *storia* » que de les représenter sur la surface pariétale selon ces dispositifs propres à ce genre bien répertorié même s'ils s'en approchent parfois en sachant utiliser les éléments architecturaux du lieu de peinture.

C'est pourquoi, à présent, il nous faut développer le terme proposé par Philippe Morel, celui de « transgression de la surface », terme qui regroupe et s'approche au plus près de l'acte de peinture repéré dans notre corpus de fresques de 1300 à 1500.

b-4- Que veut dire *transgression de la surface* ?

En effet, si on cherche dans le dictionnaire à « transgression » la définition du mot précise - selon qu'il s'applique à une attitude comportementale liée à une obligation, une loi, un ordre (des règles imposées) ou - pour notre propos qui concerne la peinture et sa réalisation sur une surface pariétale peinte - il est toujours question de désigner un fait qui :
- marque une non-conformité à un usage courant voire habituel ou naturel,
- progresse aux dépens d'autre chose qui empiète sur quelque chose, qui envahit (nous verrons ce que ce verbe signifie pour notre corpus)
- dépasse une limite ou des limites (celle du cadre peint pour notre propos)
et enfin qui semble aller contre ce qui semble naturel.

D'un point de vue conceptuel, la transgression signifie *traverser la limite pour atteindre l'illimité.* Elle affirme donc qu'il est possible de franchir toutes les limites pour vivre l'illimité. Pour l'attitude psychologique comportementale, elle affirme le dépassement des tabous, de la faute et du péché dans un contexte chrétien. Elle refuse la norme éthique et c'est pourquoi celui qui transgresse les tabous imposés par la société le fait - souvent- de manière ostentatoire comme pour signifier avec force un comportement qui risquerait de ne pas être vu. Il enfreint une loi pour en proposer une autre, souvent minoritaire face au diktat ambiant proposé par la société à laquelle il appartient.

Il est intéressant de remarquer que notre sujet "en peinture" s'apparente à cette attitude car il y est question ici non plus d'une affirmation de soi en tant que personne dans une société donnée mais d'une affirmation donnée en peinture par des peintres qui s'affranchissent des limites qui leur étaient données par la tradition picturale de leur temps qui impliquait des règles de représentation liées à la narration d'une *storia,* d'une histoire selon des principes de composition et d'agencement qui exigeaient un découpage par scène, selon un ordre chronologique ou une hiérarchisation des scènes les plus importantes, choisies pour raconter une histoire édifiante voulue par le ou les commanditaire(s) pour célébrer la vie exemplaire d'un saint, du Christ ou de la Vierge Marie afin d'éduquer en donnant des modèles de piété à suivre pour ceux et celles qui venant dans cette église, cette chapelle ou encore ce baptistère devaient être impressionnés par ces images peintes et comprendre ce qui y était manifesté de l'ordre du divin (les sacrements) pour leur salut comme l'Église le leur proposait. Ils transgressent la surface en débordant du cadre peint selon des procédés répertoriés en fonction des éléments architecturaux présents (embrasures de fenêtre, angles de murs, voûte de porte...) au lieu même de leur composition picturale.

Lieu après lieu, nous étudions les différentes solutions (chapitre 2) trouvées par les peintres pour « jouer » avec les éléments architecturaux en décrivant ce qui est vu et peint pour conjointement en proposer une analyse sémiotique apte à enrichir la vision des peintres et nourrir notre connaissance de cette période où se joue ces « trouvailles » bien avant que la perspective ne soit définie et définitivement acceptée par les peintres du XVI ème siècle de la Renaissance et au-delà.

C. Une méthode d'analyse qui requiert une phénoménologie du regard

c-1 Héritière de Louis Marin, Daniel Arasse, et Henri Maldiney

Mais étudier ces fresques exigent aussi de se situer face à elles avec une attitude faite de précision et d'empathie picturale quant à la manière de les regarder et de les comprendre. Pour cela il faut allier à l'étude iconologique et iconographique traditionnelle héritière de Panofsky, l'attitude héritée d'une réflexion philosophique, héritière de la phénoménologie, qui tenant compte du rapport « actif » du regard du visiteur, restitue à la signification de la peinture toute sa dimension. Comme nous l'avions déjà noté dans le chapitre 1 de notre mémoire de Master 1, nous réitérons notre attachement à la famille intellectuelle initiée par Louis Marin [1] quand il définissait l'objet de la représentation au Quattrocento en étant attentif aux *dispositifs de présentation* (c'est nous qui soulignons), conditions de possibilité et d'*effectivité* de la représentation de la peinture, comme le cadre, le décor, le plan de représentation etc. afin d'en mesurer dans tous les cas et de façon aussi précise et rigoureuse que possible « les effets de sens » quant au procès de représentation, quant au regard et à l'œil qui s'en approprient les formes et les couleurs, mais aussi « les effets de présence » et leurs investissements idéologiques, politiques, religieux et dévotionnels. Ainsi qu'à l'attitude pratique de travail « in situ » de

---

[1]Louis Marin *Opacité de la peinture. Essais sur la représentation au Quattrocento* - Nouvelle édition revue par Cléo Pace Editions des Hautes Etudes en Sciences Sociales - 1989 réédition 2008. p.15

Daniel Arasse[1] qui précise dans son ouvrage de l'*Annonciation italienne* :

« *On tentera donc de distinguer les différents « modes d'emploi » dont le bâti architectural existant a été utilisé par les peintres. Ils aident à penser l'articulation entre œuvres singulières et œuvres de série. (...) Mon parcours se fera d'œuvre en œuvre. Les œuvres sont les documents de leur propre travail. Il s'agit de proposer l'histoire et les solutions trouvées par les peintres pour mieux adapter l'illusion de leur peinture au « lieu architecturé » pour avec astuces et savoir-faire, provoquer chez le spectateur un jeu d'optique, une intervention active du regard qui renforce son implication. [...] Et p. 15 « L'œuvre peinte témoigne, par ses moyens propres de sa pensée. Pour tenter de déchiffrer cette pensée, l'interprète ne peut qu'analyser sa mise en œuvre. L'opération comporte des risques mais c'est à ce prix qu'on peut espérer approcher la pensée qui habite ces objets et leur donne, aujourd'hui encore, leur qualité de présence »*.

Nous souscrivons totalement à cette attitude puisque entre le temps de notre Master 1 et celui de notre Master 2 nous avons mis à profit une année sabbatique pour - en Juin 2016 - aller en Italie à la rencontre de notre corpus alors que nous n'avions pu le faire que pour les fresques de Matteo Giovannetti au Palais des papes d'Avignon, en 2015. La « qualité de présence » des œuvres dont parle Daniel Arasse est totalement justifiée car sur place comme nous l'expliquons à présent avec la pensée de Henri Maldiney, il n'est pas seulement question de voir mais bien de « ressentir. »

c-2 Recherche du sens de l'œuvre . Parcourabilité et signification.

En effet, nos maîtres énoncés ci-dessus - en histoire de l'art - nous montre le chemin mais il est bon d'aller voir ailleurs - aussi - du côté de la philosophie et en particulier de la phénoménologie pour avec

---

[1]Daniel Arasse - *L'Annonciation Italienne*, op.cit. (p.13)

peut-être plus de précision encore tenter de rendre compte de la méthode qui nous anime.

Face aux fresques, il n'est pas possible de les regarder de la même manière que lorsque l'on est face à un tableau. Il faut d'abord franchir la porte d'entrée de la basilique, grande et imposante (comme c'est le cas au Duomo à Prato) ou au contraire de la petite chapelle (comme c'est le cas à l'Ermitage de Léonardo al Lago au sud de Florence, petit ermitage caché au fond d'une forêt où seuls les chasseurs s'aventurent et non les touristes) avant de se trouver face, il faudrait dire au pied le plus généralement des murs peints qui s'offrent à notre regard. Selon que les surfaces peintes sont importantes ou non, il nous faut bouger, marcher, lancer notre regard en haut et puis en bas, bref, il faut du temps et de la méthode. C'est pourquoi nous aimons bien le terme de « parcourabilité » que Philippe Morel nous a soufflé pour « nommer notre rapport à la fresque » qui se laisse regarder. C'est peu à peu que les différentes scènes peintes se donnent à voir. Il y faut du temps et de la patience. Cela signifie que notre corps et notre esprit sont en mouvement et non rivés à un point fixe et immobile comme cela est souvent le cas devant un tableau.

 L'espace du « lieu » nous sollicite et alimente notre regard et notre questionnement.

C'est pourquoi en faisant appel à la réflexion d'Henri Maldiney (1912-2013) telle qu'elle se donne à lire dans *Regard, Parole, Espace*[1], nous nous approchons un peu plus du fondement de notre méthode. Tout phénoménologue part de l'expérience et en cela, il nous intéresse. Pour Henri Maldiney, professeur d'esthétique à l'université de Lyon et infatigable marcheur en montagne, « le sentir est conçu comme un événement par lequel corps et âme j'adviens au monde, et le monde m'arrive et me saisit. Cette surprise précède toute prise, comme il aime à le dire. Ce moment phatique est le sceau du réel comme tel. » (Préface de Jean - louis Chrétien au Livre cité).

---

[1]Henri Maldiney *Regard, parole, espace* - 1973 1ère parution épuisée- 2012- Edition du Cerf - Paris

Dans le corps du livre, à la p. 154 H. Maldiney écrit : « *la première fonction de l'image dans la peinture, c'est d'apparaître. Le moment esthétique n'est pas le quoi de son apparence mais le comment de son apparition.* » Et plus loin au Chapitre XI :« *L'image toute entière se donne d'un coup, toute entière et aucune exploration interne ne peut rien ajouter à ce qui en elle est toujours déjà donné* » et avant il avait pris soin de préciser : « *L'apparaître de l'image ne se règle pas sur les nécessités de l'objet mais sur les exigences antérieures d'un regard accordé aux structures de l'œuvre en fonctionnement (c'est-à-dire) non pas bloquée par l'attitude analytique mais contemporaine du geste des formes* ».

J'apprécie tout particulièrement cette vision dynamique du regard de celui qui face à l'œuvre détermine ses exigences. En effet et cela me semble être un des aspects de l'histoire de l'art qui ne cesse de se renouveler nécessairement puisqu'elle exige de l'historien d'affiner son regard par la fréquentation des œuvres choisies qui par elles-mêmes ne cessent de le questionner. Ce rapport mutuel entre le regardeur et l'œuvre implique une réciprocité qui parfois se déséquilibre, si précisément celui qui regarde impose à l'œuvre une vision erronée. Comment garder la bonne mesure entre ce que l'œuvre nous dit d'elle-même et le discours que l'on fait sur elle ? H. Maldiney nous aide quand il écrit que « *Dans l 'art, la technique est sens* », ce que nous pensons pareillement. Soyons attentifs et exigeants dans l'observation des œuvres de notre corpus en les saisissant là où elles demeurent au « lieu » de leur monstration et non dans les photos souvent très belles des livres d'art mais qui « coupent » les scènes des fresques ou les agrandissent sans tenir compte des environnements architecturaux, ce qui perturbe notre perception.

Ce détour par la phénoménologie a, donc, pour effet de nous rendre vigilant quant au pouvoir des mots qui face aux œuvres peintes ne devraient avoir comme fonction que de rendre plus clair et plus explicite ce qu'elles signifient « *in situ* » comme le peintre l'a voulu. « *L'art n'est pas de signe mais de formes* »[1]...Ce rappel de l'originalité

---

[1] Maldiney Henri - Op.cit.

de toute œuvre d'art devrait nous rendre attentifs à ne pas outrepasser dans notre discours ce qui n'est pas l'analyse de l'œuvre elle-même. La respecter, c'est savoir lui laisser son contexte, son lieu, sa technique, éléments indispensables à son « aura » et à sa place… dans l'espace mais aussi dans le temps. Les analyses précédentes faites soit par des historiens (Anheim au Palais des papes à Avignon) ou des conservateurs de Musée (Laclotte) ou des historiens d'art sémiologues à propos des fresques de notre corpus ont nourri notre réflexion, aiguisant notre regard et notre analyse de ces « faits de peinture ». Nous espérons que ce mémoire modestement en rend compte.

Comme le précise Steffi Rœttgen dans l'avant-propos de son ouvrage cité en référence[1]

« La façon de voir et son histoire deviennent en conséquence des composantes de l'histoire des œuvres elles-mêmes parce que c'est - entre autres facteurs- dont le hasard - c'est l'œil qui décide de leur survie ou de leur destruction. Le présent a toujours les pleins pouvoirs pour disposer du patrimoine matériel de l'histoire ... ». Cette remarque justifie la fragilité des œuvres matérielles dans leur rapport au temps et à leur survie patrimoniale mais ceci demeure vrai aussi pour le regard posé sur elle et le discours qui l'accompagne.

Soyons attentifs à notre héritage intellectuel tel que nous l'avons exposé dans ce chapitre : héritage qui nous semble être riche et juste dans la mesure où il exige de notre part une attitude non seulement faite de connaissance - celle que l'historien se doit de posséder- mais aussi de vigilance quant au discours qui devrait ne jamais excéder la « présence » dispensée par l'œuvre elle- même.

Ainsi, après avoir rappelé les exigences des termes mêmes de notre recherche, nous présentons dans le chapitre 2, selon un ordre non chronologique mais stylistique (puisque nous avons regroupé les fresques en fonction des « solutions » proposées par le peintre pour « jouer » avec les éléments architecturaux pour transgresser la surface

---

[1]*Les fresques italiennes de la Renaissance 1400 - 1470* de Steffi Rœttgen Citadelles et Mazenod 1996

et une méthode identique de présentation et d'analyse pour chaque lieu et fresque :
en 1 / Description de la fresque,
en 2/ Analyse et sémiologie des contenus,
en 3/ Bilan et parfois comparaison avec d'autres fresques exogènes à notre corpus.
Nous avons pensé que la même démonstration pour chaque fresque facilitait la mise en argument de notre propos quant à sa pertinence et -nous l'espérons- son pouvoir de conviction.

Chapitre 2 Étude des « faits de peinture » des fresques de notre corpus

Comme le précise dans l'introduction à son très bel ouvrage, Steffi Rœttgen[1] : « *La notion de « peinture murale» qui sera généralement utilisée ici à la place de la désignation courante mais souvent inexacte de « peinture à fresque » exprime tout simplement une réalité qui traduit en même temps les conditions particulières auxquelles est soumis ce genre iconographique : le support de la peinture est le mur (...)* » et un peu plus loin : « *La peinture murale a d'abord besoin d'une architecture pour exister et subsister. Elle est donc soumise à des données techniques totalement différentes de celles du panneau peint mobile (...) ...la plupart du temps elles périssent avec les bâtiments dans lesquels elles se trouvent. Les faits de guerre, les incendies ou les destructions commises dans le cadre d'une modernisation de monuments vétustes sont les causes les plus fréquentes de la perte des peintures murales* ».

Si nous rappelons cette évidence au début de ce chapitre 2 qui constitue le cœur de notre mémoire puisqu'il expose les faits de peinture de notre corpus en les analysant, c'est parce que cette contrainte de la peinture à fresque dépendant de la surface pariétale est la source même de notre problématique. En effet, toutes les fresques choisies ont subi l'outrage des ans soit qu'elles aient été pendant un temps fort long cachées et endommagées : ce qui fut le cas des fresques de Matteo Giovannetti à Avignon qui furent restaurées et montrées au public récemment en 2016 (fin de la restauration de la chapelle St Martial) ou encore celle d'Ambrogio Lorenzetti que nous ne pûmes pas voir lors de notre voyage en Italie - en juin 2016 - in situ- à la chapelle de San Galgano car elle était déposée pour cause de restauration.

---

[1] *Les fresques italiennes de la Renaissance 1400 - 1490* op.cit.

Ce lien entre architecture du lieu et peinture murale indique à la fois la fragilité de ces œuvres dans le temps quant à leur détérioration ou destruction possible mais il fonde aussi notre recherche puisque les faits de peinture choisis de notre corpus révèlent le *comment du geste du peintre* d'intégrer à la représentation fictive peinte des personnages dans leur « lieu », les éléments architecturaux prégnants comme la fenêtre et ses embrasures (rappel de l'étude de notre Master 1) auxquels s'ajoutent à présent, les angles rentrants des murs, la voûte d'une porte, et enfin la prise en compte de la totalité des surfaces de l'espace architecturé comme c'est le cas au baptistère de Castiglione Olona avec la fresque de Masolino da Panicale ou à la Chambre du Cerf à Avignon pour les peintres qui travaillèrent avec Matteo Giovannetti.[1]

Pour chaque solution proposée par le peintre, nous avons décidé de garder le même type de présentation :

a/ Description du lieu et de la fresque

b/ Analyse et sémiologie du procédé mis en place par le peintre

c/ Bilan et place de ce procédé en regard des autres / comparaison et signification.

A. Solution 1 - la fenêtre et ses embrasures : une illusion réaliste

Concernant ce premier élément architectural qu'est la fenêtre et ses embrasures, nous avons repris les lieux et les fresques de l'ancien corpus pour lesquels il y a quelque chose de nouveau à dire soit grâce à nos lectures qui nous ont permis d'approfondir notre propos (celles de Matteo Giovannetti à Avignon) soit par l'élargissement d'analyse que procure la comparaison avec une autre fresque postérieure (ce qui est le cas pour la fresque de L'Annonciation d'Ambrogio Lorenzetti avec celle de Vanni Lippo à Leonardo al Lago). Nous laissons de côté à la place qui sont les leurs : la fresque de St Catherine de Masolino

---

[1]Les historiens et spécialistes ne s'accordent pas pour savoir à qui revient la peinture de la fresque des murs de la chambre dite La chambre du Cerf.

da Panicale à San Clemente à Rome et celle de Piero della Francesca
à Arezzo. Elles gardent toute leur valeur à l'intérieur de notre corpus
d'ensemble.

**a-1 Matteo Giovannetti -Chapelle St Jean et St Martial au Palais
des papes à Avignon**

a-1-1 Description du lieu et de la fresque

Depuis Juin 2015 (date de notre Master1), la connaissance du travail
de Matteo Giovannetti (1322-1368) à Avignon au Palais des papes
s'est enrichi grâce à l'ouverture de la chapelle St Martial dont la
restauration s'est achevée en 2016 alors qu'elle était fermée au public
lors de notre venue en mars 2015.
*« Les fresques de la chapelle Saint-Martial constituent une œuvre
exceptionnelle tant du point de vue historique - une prestigieuse
commande du pape Clément VI réalisée entre 1344 et 1346 -
qu'artistique - un décor unique en France adoptant le langage
pictural italien de son auteur Matteo Giovannetti- Au vu des dégâts
très nombreux subis par le Palais des Papes au cours des siècles,
nous nous sommes souvent dit que la conservation de ces fresques
dans leur ensemble relève du miracle. »* [1] *(Extraits du site officiel du
Palais des papes Dominique Vingtain, Conservatrice en chef du
Palais des papes.)*

Avec ces nouvelles fresques restaurées de la chapelle St Martial, il
nous est possible de constater à quel point le procédé pictural de
Matteo Giovannetti de peindre les surfaces des embrasures des
fenêtres est constant dans ses compositions. Ce peintre italien venu de
Viterbe (Latium) connaissait les peintures murales du _Bon et du
mauvais gouvernement_ (1338-1339) d'Ambrogio Lorenzetti à Sienne
ainsi que les fresques de Simone Martini déjà présent à la Cour du
Pape avant sa venue. Il commença en 1344 la décoration de la chapelle
St Martial, répondant à la demande du pape Clément VI. La thèse

---

[1]http://avignon-saintmartial.blogspot.fr/p/la-chapelle-saint-
martial.html

d'Étienne Anheim[1] sur cette période nous a grandement informé sur la personnalité de ce pape « humaniste », français bien formé à la rhétorique de son temps dont les sermons en latin ont été étudiés par E. Anheim en particulier concernant la figure messianique des deux St Jean : le baptiste et l'apôtre, rédacteur du quatrième évangile que nous retrouvons dans l'iconographie de la chapelle St Jean. Clément VI avait une conscience très nette du rôle de la papauté, de son pouvoir temporel et spirituel et il avait compris qu'embellir la demeure des papes où résidaient les clercs et les administrateurs de l'Église ne pouvait que rejaillir sur son pouvoir personnel et la puissance de l'Église catholique affaiblie par sa déterritorialisation - hors de Rome - Aussi comprenant mieux l'intelligence et la volonté de ce commanditaire, il est plus aisé de comprendre pourquoi il choisit ce peintre italien, très talentueux et « novateur » pour narrer la vie de St Martial comme celles de St Jean l'Évangéliste et de Jean Le Baptiste. Comme le précise la conservatrice du Palais des papes[2] : « *Matteo Giovannetti semble y (à la chapelle St Martial) avoir travaillé seul dans un premier temps, puisque les archives ne mentionnent l'arrivée de ses collaborateurs qu'en octobre 1344. Le temps nécessaire pour le peintre d'organiser ce chantier et de concevoir sa composition. Ils y travaillèrent jusqu'en septembre 1345. Le compte final des peintures des chapelles Saint-Michel et Saint-Martial daté du 3 janvier 1346 consigne les salaires et les achats de matériel et de couleurs. Le peintre dirigeant le chantier était chargé de payer les collaborateurs qu'il avait réunis. Lui-même fut payé pour 425 journées de travail pour les deux chapelles.* »

---

[1]« Clément VI, un universitaire au pouvoir », *L'université d'Avignon. Naissance et renaissance, 1303-2003*, Arles, Actes Sud, p. 59-61.
[2]http://avignon-saintmartial.blogspot.fr/p/la-chapelle-saint-martial.html

a- 1 -2 - Analyse et sémiologie du procédé mis en place par le peintre

Comme le remarque justement Jean Arrouye de l'Université de Provence [1] : « *Une des originalités du travail de Matteo Giovannetti (Chapelle St Jean et St Martial au Palais des papes) est qu'il utilise les ébrasements des fenêtres, percées dans des murs épais, pour peindre d'un autre point de vue les scènes représentées sur les murs de la chapelle adjacents à la percée des fenêtres. Ainsi la profondeur feinte dans les scènes peintes sur les murs devient profondeur réelle dans l'ébrasement des fenêtres : c'est comme si l'illusion créée par le recours à la perspective était vérifiée. Dans les ébrasements sont peints des personnages qui ont une activité en rapport avec ce qui est visible de l'autre côté de la pièce fictive dans laquelle ils se trouvent. Dans la scène de la décollation de saint Jean-Baptiste, ils se contentent de regarder ce qui se passe et sont alors dans une situation analogue à celle des spectateurs des fresques.*(Cf : op.cit.)*
Pour la première foi*s, note Dominique Thiébaut, *les lignes de fuite, du Banquet d'Hérode* (Fig. 5) *et de la Décollation de saint Jean-Baptiste* (Fig. 6)*, convergent vers un même axe réel, la fenêtre, plus précisément vers l'axe vertical de la fenêtre. En conjoignant ainsi l'organisation perspectiviste de deux scènes consacrées au récit de la mort de Jean-Baptiste Matteo Giovanetti convertit la fenêtre située entre elles deux et au-delà en figure de sens.* » (Cf : op.cit.)

Le regard qui s'abandonne à la logique visuelle dans la représentation de ces épisodes cruciaux de l'histoire de Jean-Baptiste, qui s'engage dans la profondeur de l'histoire figurée, aboutit à la fenêtre, ouverture sur le ciel, percée vers la lumière. Qui plus est, la haute fenêtre gothique entraîne forcément le regard vers le haut et son extrémité ogivale est comme la pointe d'une flèche qui indiquerait la présence de Dieu le père, entouré de quatre anges, qui est peint au-dessus de celle-ci.

---

[1] Arrouye Jean - *Mort et apothéose picturale de Jean le baptiste*
Université de Provence Presses universitaires de Provence, 2002

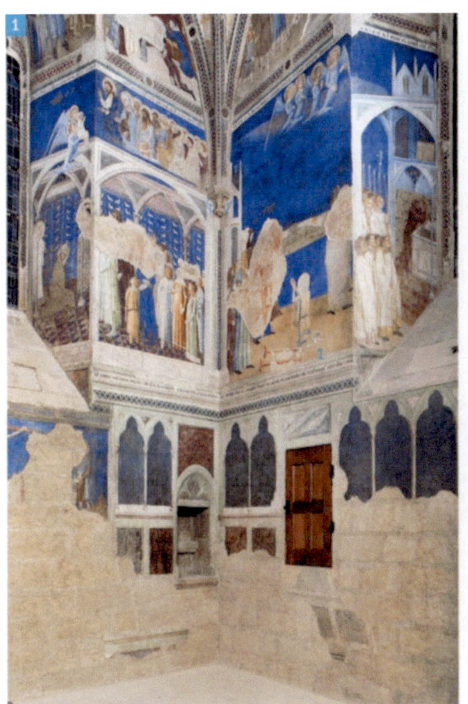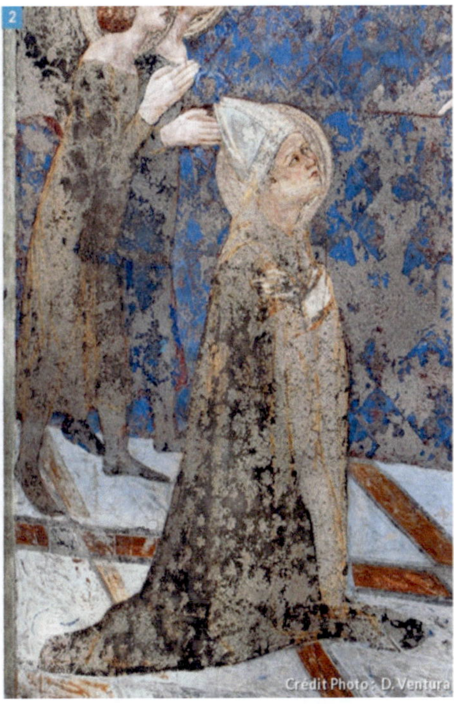

Fig. 5 Chapelle St Martial restaurée 2016 1 - Angle sud-est de la chapelle Saint-Martial - Apparition du Christ à Saint-Martial. Détail. Vision des martyrs de Saint Pierre et Saint Paul

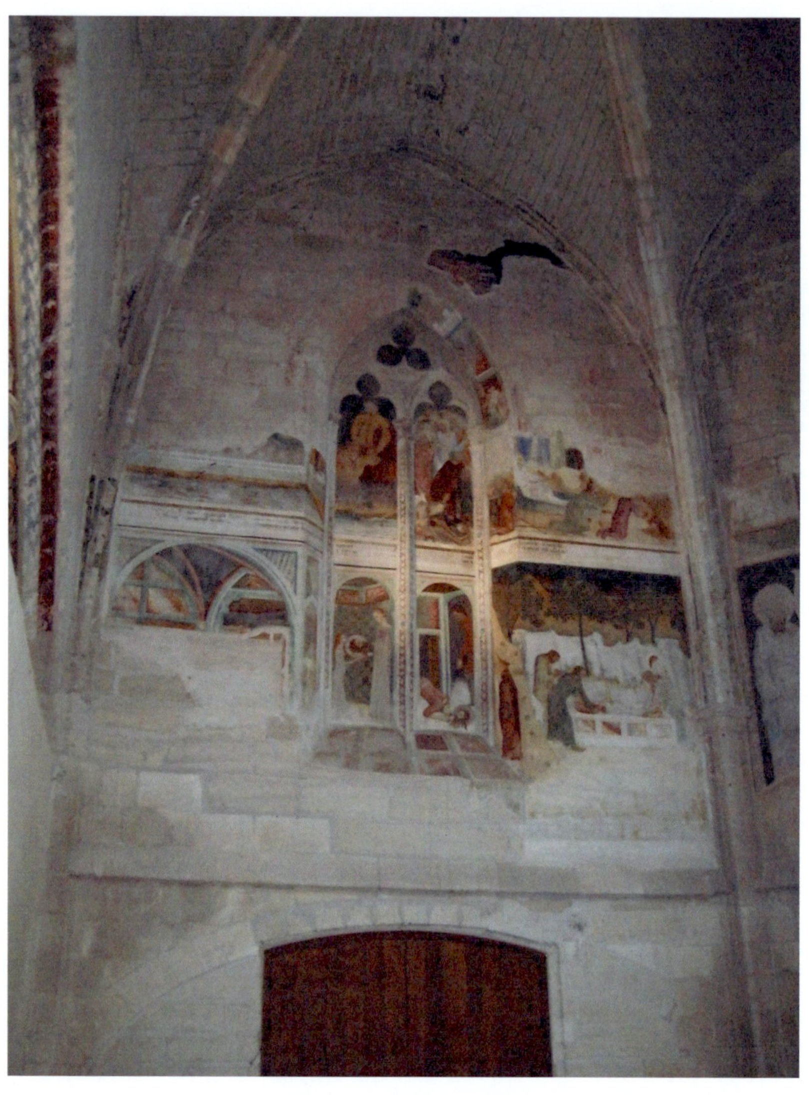

Fig. 6 Fresque de St Jean Baptiste à la Chapelle de St J. B, à Villeneuves -les Avignon - Matteo Giovannetti - 1346-

Matteo Giovanetti convertit la fenêtre située entre elles deux et au-delà en figure de sens. »(Cf : Op.cit.)

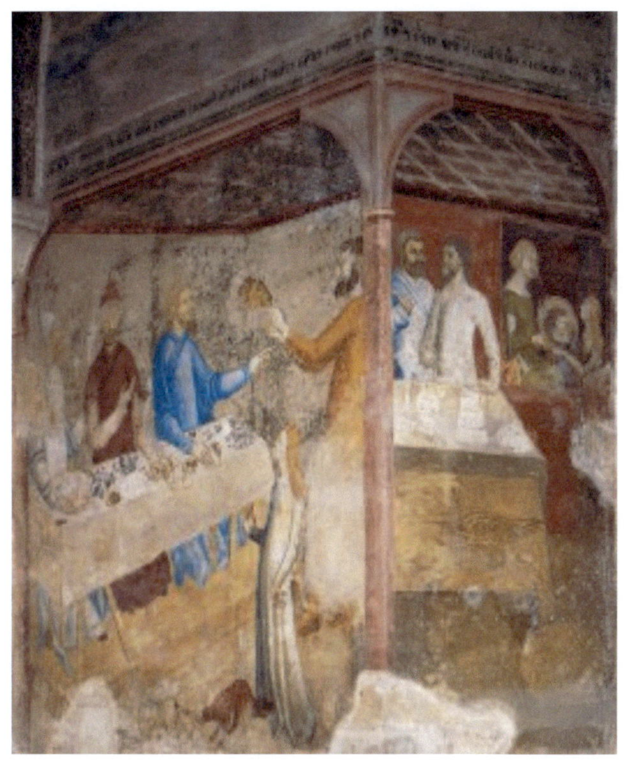

Fig. 7 Angle pilier peint sur angle de l'embrasure -Matteo Giovannetti - 1346 - Chapelle St Martial Palais des Papes

« *Au registre inférieur, à droite est figurée la décollation de Jean-Baptiste (Fig.7) que, sur l'ébrasement, contemplent un officier vêtu de noir et quatre soldats casqués porteurs de boucliers. L'exécution du martyr a lieu dans une pièce qui s'ouvre par une large arcade en plein cintre, retombant sur deux piliers dont l'un, celui de gauche, se confond avec l'angle du mur de la chapelle et de celui de l'ébrasement de la fenêtre, sur lequel la pièce dans laquelle a lieu l'exécution semble s'ouvrir par une autre arcade. Ainsi le volume intérieur de lu pièce où Jean est mis à mort se confond illusoirement sur ses limites avec la structure architecturale de la chapelle, d'autant plus que, ainsi que le fait remarquer Michel Laclotte,[1] la porte de bois, aux veines précisément peintes, qui s'ouvre sur le mur de droite de la pièce* est « *disposée selon l'axe réel de l'ébrasement1* » *complétant cette recherche étonnante de réalisme* ».(Cf : Op.cit.)

A la lecture de cette analyse de Jean Arrouye qui corrobore notre propre analyse, notre compréhension de ce « jeu avec la fenêtre » s'en trouve enrichie et si nous y ajoutons la citation de Hanz Belting, [2] qui complète quant au regardeur que nous sommes la justesse de l'effet produit par un tel traitement de la surface pariétale de la Chapelle.

Ainsi, J. A. écrit ce que nous-mêmes aurions pu écrire : « *L'équivoque entre l'architecture feinte et l'architecture du lieu a aussi et d'abord pour but de favoriser chez le spectateur **l'illusion** - fondée non pas tant sur la duperie du regard que sur la connivence de l'imagination - qu'il est directement témoin de l'exécution, car il est par rapport au bourreau et à sa victime dans une relation spatiale en quelque sorte analogue à celle des soldats, mais jouit d'un meilleur point de vue qu'eux. Cette situation imaginaire est émotivement troublante et propre à susciter cette « piété affective » à laquelle, rappelle Hans Belting, « dès le XIIIe siècle, par les prédications et les présentations d'images, les fidèles furent incités ». La scène de la décollation de Jean-Baptiste, est sans doute, en raison de son organisation, une image propice à une telle incitation. Mais dans le même temps, et pour la même raison, elle invite à une appréciation transcendant ce qu'elle montre.* ».

Et il conclut ainsi : « Cette fresque en conséquence a le rare pouvoir de *concilier le trouble de l'empathie et la sérénité de l'allégorie, de signifier la gloire de l'apothéose sans nier le tourment de la mort.* ».

Oui, ce procédé de Matteo Giovannetti tend à rendre le visiteur « présent » par l'acte de peinture - à la décollation de Jean Baptiste,

---

[1]Michel Laclotte et Thiébaut *L'école d'Avignon,* Flammarion 1983
[2] Hanz Belting *L'Image et son public au Moyen Age,* Paris, Gérard Montfort, 1998, p. 27

Cette présence active de notre regard sollicité par la peinture est bien au cœur de ce que nous tentons de démontrer dans ce mémoire quant au pouvoir d'illusion mais aussi de demande de participation de celui qui regarde pour qu'il soit « touché » au cœur par la scène représentée. Cette demande faite par le peintre à notre égard comme cela fut le cas pour les regardeurs de l'époque atteste de cette « pensée en acte » du peintre qui force notre admiration quant à son intelligence de l'espace architecturé et au rôle de sa peinture. Elle participe fondamentalement à la justification de notre recherche qui tout en privilégiant - apparemment- un détail de la peinture pariétale en révèle toute sa force de persuasion.

De même, si on regarde la photo de l'ébrasement d'une autre baie de la chapelle St Jean (Fig. 8) nous observons que la barque de Zébédée est composée dans un paysage qui se répand de manière très fluide sur l'ébrasement de la fenêtre. Il serait possible de détailler pour la chapelle St Martial également comme la (Fig.8) le montre, le jeu des compositions entre les surfaces pariétales et les embrasures des fenêtres pour former **un continuum narratif** étonnant de simplicité et de richesse par le jeu établi avec les autres architectures feintes dans chaque scène. De même pour la composition de la chapelle St Martial, la Fig. 9 indique clairement comment l'architecture peinte avec le pilier en angle épouse l'angle saillant donné par l'embrasure de la fenêtre. Ce qui atteste d'un procédé pictural de composition constant chez Matteo Giovannetti et de son équipe de peintres. Il nous semble - à présent- que ce procédé est beaucoup plus qu'une « trouvaille » comme le nomme Enrico Castelnuovo[1] dans son ouvrage sur Matteo Giovannetti, il témoigne d'une volonté de « convaincre » le regardeur de sa capacité à « voir » et - à comprendre si faire se peut-, cette

---

[1]Castelnuovo Enrico - *Un peintre italien à la Cour d'Avignon : Matteo Giovannetti et la peinture en Provence au XIV ème siècle -* traduit de l'italien par Simone Darses et Sylvie Girard date 1991 - 1996 pour la traduction.

illusion peinte pour « actualiser « la scène évoquée en l'humanisant et en la rendant quasi « réelle » :

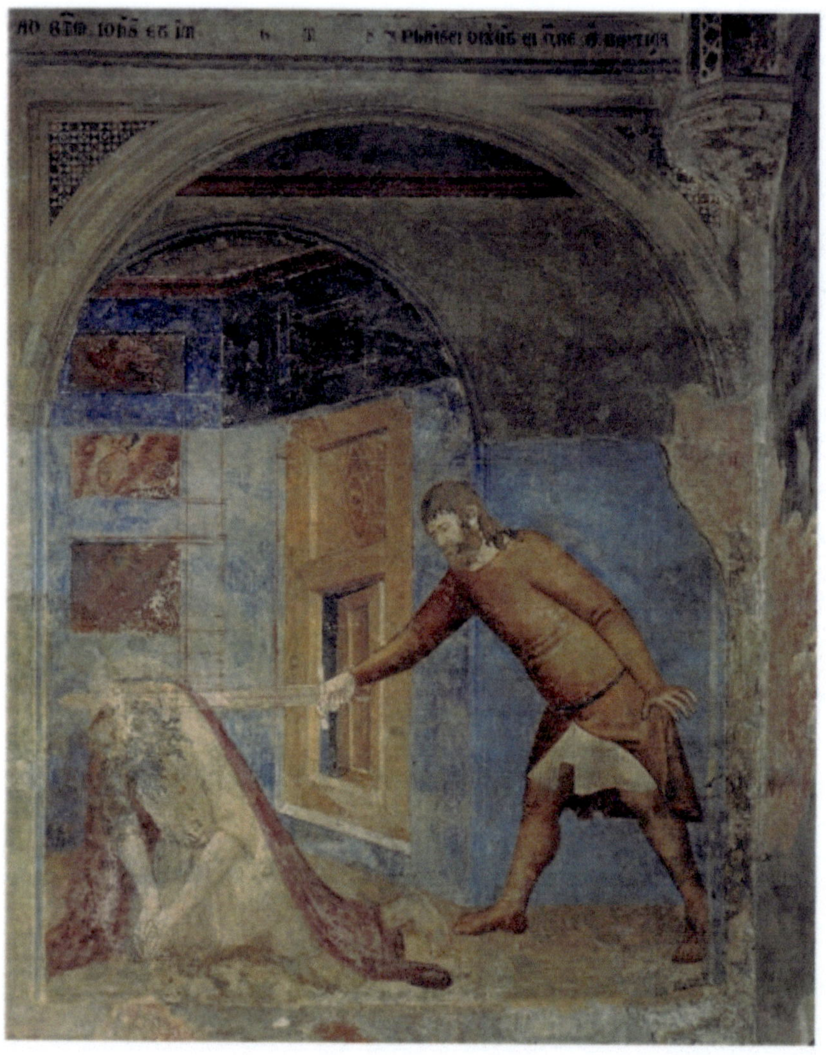

Fig. 8 Décollation de Jean- Baptiste -Chapelle St Jean -Matteo Giovannetti

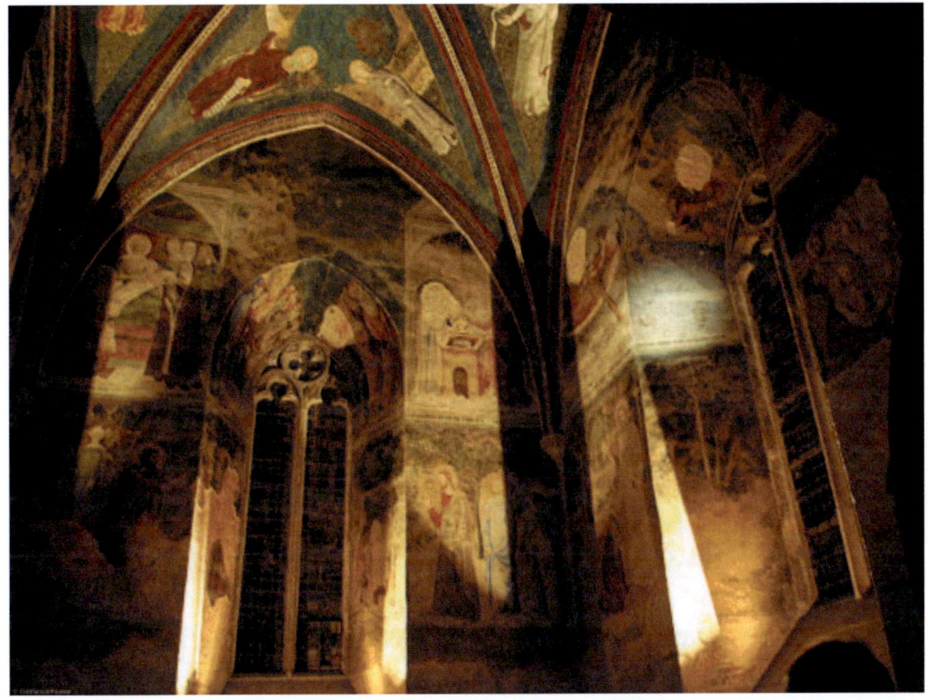

Fig. 9 Chapelle St Martial, à la fin des restaurations 2016

manière efficace pour toucher l'esprit et le cœur du croyant qui en se mémorisant l'image peinte s'identifie à elle et ainsi se rapproche des événements marquants de la vie du Saint, modèle de vie chrétienne et d'action. Cette fonction didactique de la fresque ne doit pas faire oublier la dimension proprement esthétique - de beauté visuelle et d'étonnement - qui séduisait le commanditaire -ici - le pape Clément VI et toute la Curie, soucieux d'asseoir leur autorité et leur renommée tant spirituelle que politique en 1346 au milieu du Trecento.

a-1-3- Bilan et place de ce procédé au regard des autres / comparaison et signification

Le peintre devait être capable de répondre au programme iconographique de son commanditaire, de concevoir une œuvre développée sur une surface murale considérable ainsi que sur les

45

voûtes mais aussi d'une architecture « en trompe l'œil » qui donne l'illusion d'une galerie rythmée de colonnettes et d'arcatures ouverte sur le ciel. L'art de Matteo Giovannetti quant à son habileté à se servir de l'élément architectural présent en particulier des embrasures des fenêtres atteste de son savoir-faire qui semble avoir été apprécié de son commanditaire puisqu'il l'a renouvelé dans les deux chapelles du Palais mais aussi dans la petite chapelle de St Jean Baptiste à la Chartreuse de Villeneuve-lès-Avignon (en 1358) où nous allâmes en mars 2015 et pour lesquelles nous avons analysé l'effet d'illusion en concluant (p.37 de notre mémoire de Master 1) : « Cette habileté à jouer des volumes donnés par le bâti pour composer la fresque afin de la rendre aux yeux du spectateur plus fluide et lisible, comme si le peintre avait décidé de s'approprier toute la surface, en faisant fi des « vides » ménagés par les fenêtres et en se servant utilement de leurs embrasures, contribue à nous laisser penser que ce « jeu » avec la fenêtre constitue bien un marqueur de nouveauté à la fin du Trecento et que « cette trouvaille » comme la nomme Enrico Castelnuovo perdure au Quattrocento.

Ces jeux entre l'architecture de la chapelle et les architectures feintes, le cadre architectural de diverses scènes - églises, palais, édicules est l'occasion pour Matteo Giovannetti de figurer la profondeur, l'épaisseur des portes (Fig.9) comme celle qui est peinte derrière le bourreau de St Jean Baptiste à la chapelle St Jean, pouvant être la trappe de sa cellule de prisonnier), autant de « trouées » pour rendre plus réaliste et crédible la scène représentée. Ce goût de la richesse décorative par des ensembles architecturés de plus en plus sophistiqués continuera et se développera au Quattrocento et au-delà.

a- 2 -1- Ambrogio Lorenzetti - San Galgano : le rôle de la fenêtre -sa place- dans la composition d'ensemble de la fresque

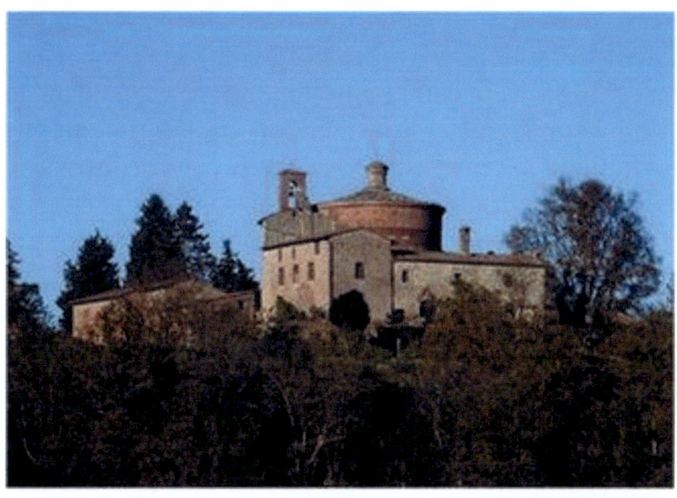

Fig. 10 La rotonde et les édifices annexes vus de l'abbaye

a-2-2 Description du lieu et de la fresque

Alors qu'avec Matteo Giovannetti, nous avons étudié le rôle important des embrasures profondes des baies des chapelles pour intensifier « la présence réelle » pour le fidèle des scènes de la vie de Jean Baptiste en particulier, lui communicant un sentiment de compassion et de piété, avec la fresque d'Ambrogio Lorenzetti placée au -dessus de l'autel, c'est toute la fenêtre en tant que telle qui est intégrée à la composition de l'*Annonciation de Marie*, telle qu'elle se donne à voir dans la chapelle de la petite église de San Galgano. Nous y sommes allés en Juin 2016 et malheureusement la fresque était déposée pour cause de restauration. Cependant il nous a été loisible de profiter de l'espace de cette chapelle pour mieux apprécier l'audace du peintre quant à sa facture. Nous ne reprenons ici ce que nous avions écrit en 2015 sur la nouveauté et l'audace d'Ambrogio Lorenzetti d'associer la « frayeur » de Marie à la présence d'Eve (Fig.12), peinte en dessous de la scène de la Venue de L'Ange, témoignant ainsi du rôle salvateur de Marie qui répondit positivement à la volonté de Dieu envoyant son fils sur terre pour le salut des hommes.

Mais ce qui demeure novateur et nouvellement signifiant, c'est l'intelligence déployée par Ambrogio Lorenzetti pour oser placer au centre de sa composition cette petite fenêtre ménagée dans la paroi du mur du fond pour signifier l'immersion de l'Infini divin pénétrant dans le fini humain par la symbolique des rayons de lumière dispensés par la petite fenêtre - qui -de fait- éblouissent le visiteur et le prêtre officiant face à cette fenêtre (si le soleil bien sûr est de la partie).

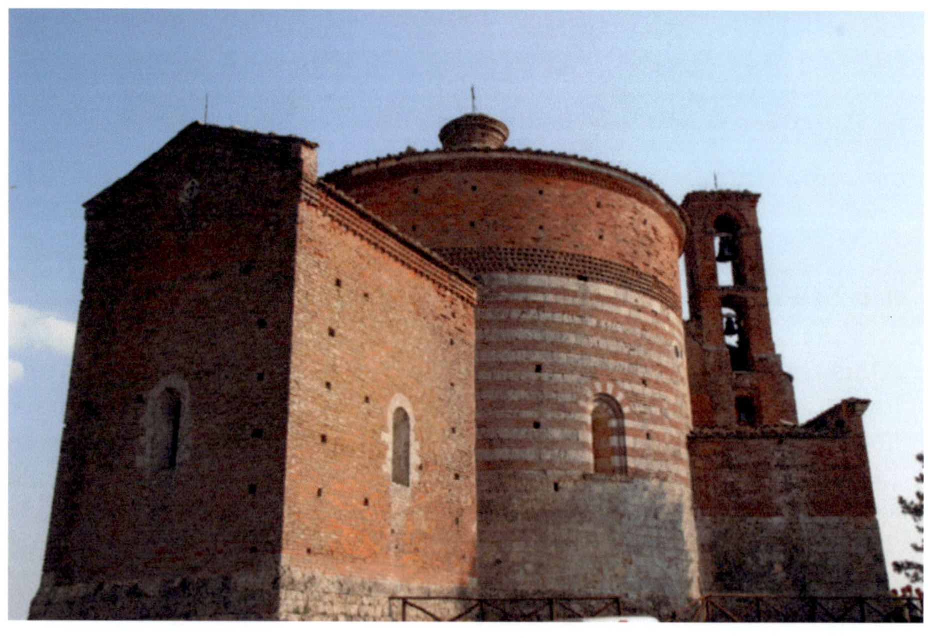

Fig. 11 la Chapelle San Galgano vue de l'extérieur

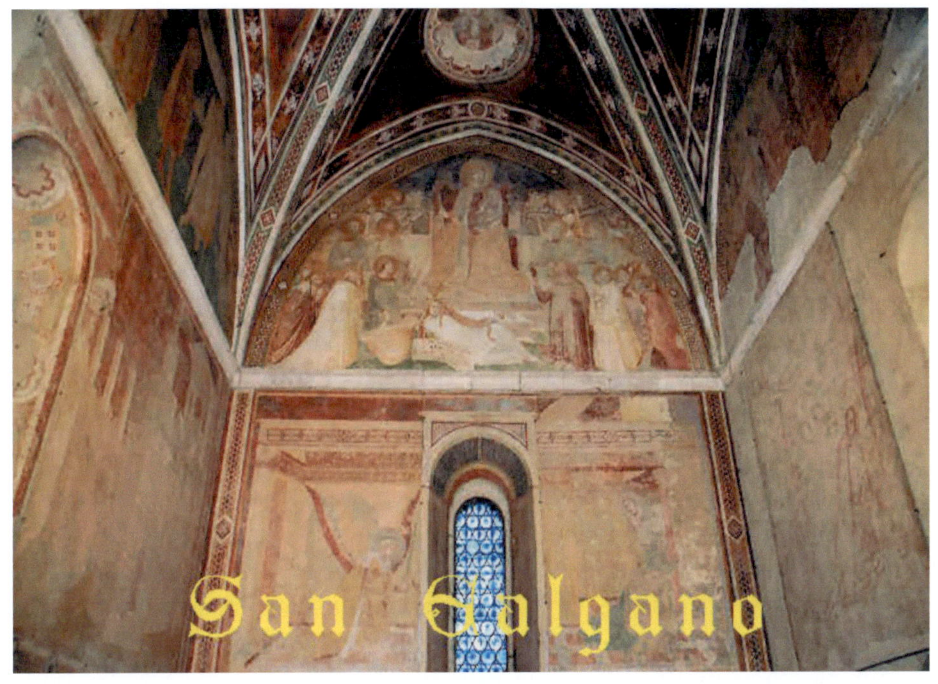

Fig.12 Annonciation d'Ambrogio Lorenzetti à San Galgano -1344

a-2-3 Analyse et sémiologie du procédé mis en place par le peintre

Comme le précise Daniel Arasse dans son très beau livre *L'Annonciation Italienne*[1] : « *l'espace qui sous-tend les dispositifs de Ambrogio Lorenzetti [...] est dans les deux cas une élaboration aristotélicienne - espace physique comme « somme totale de tous les lieux occupés par les corps ».*
«Chez Lorenzetti, l'écart consiste à faire pénétrer un « corps » dans un lieu qui ne saurait le contenir : l'Ange en état d'apesanteur, la colonne qui change de définition visuelle et se spatialise en entrant

---

[1] Daniel ARASSE *L'Annonciation italienne*, op.cit. (p.90)

dans le lieu géométrique où Gabriel rencontre Marie, l'édicule central - (la fenêtre ou la colonne) - qui écartèle la chambre nuptiale [...]

Le talent de Ambrogio Lorenzetti -doctor pictor et artiste intellectuel par excellence l'a conduit à exploiter jusqu'à ses dernières conséquences les possibilités que lui offrait cette teorica de son art dont il était selon Ghiberti un expert [...]il ne pouvait pas concevoir l'idée brunelleschienne puis albertienne de l'œil du spectateur comme origine de la construction légitime » du tableau. Car elle aurait impliqué la notion d'un point de vue comme fondement de la vérité (relative) de la représentation car c'est précisément cette notion et ce point de vue qui signe la mutation épistémologique et artistique qui dans la première moitié du XV ème siècle oriente autrement les différents champs du savoir et de l'art. »

En accord avec Daniel Arasse, nous comprenons que cette analyse de la fenêtre sise au centre de la composition narrative de l'Annonciation à San Galgano en 1344, au début de Trecento, signe d'une manière forte et novatrice la représentation de l'intercession du divin dans l'humain, de l'Invisible dans le Visible. Nous sommes séduits par la simplicité du geste qui est d'associer un vide - un trou - une fenêtre - à un message pictural lui déjà plus codé par ses prédécesseurs pour représenter la venue de l'ange de Dieu, Gabriel venu rendre visite à cette toute jeune fille Marie qui s'étonne d'avoir été choisie pour un tel message.

a-2-4 Bilan et place de ce procédé au regard des autres / comparaison et signification

D'un point de vue de l'histoire de l'art, nous ajoutons une autre fresque que nous avons pu voir et photographier en juin 2016 et qui est voisine de quelques kilomètres de San Galgano, l'Ermitage de Léonardo al Lago, encore à l'abri des circuits touristiques, et qui offre, pour notre bonheur, la très jolie fresque restaurée de Lippo Vanni (peinte entre 1365 et 1370) sur le mur du fond de la chapelle de taille moyenne de cet Ermitage, autrefois habité par une communauté monastique et aujourd'hui désertée ; ce qui lui confère un charme d'autant plus grand : la solitude du lieu rajoute une qualité rare à la beauté de la peinture et de l'architecture de la chapelle très bien restaurée et vidée de tout ornement annexe.

a- 3 - Lippo Vanni à Léonardo al Lago : rôle de la fenêtre -sa place- dans la composition d'ensemble de la fresque

a-3-1 Description du lieu et de la fresque

Cette fresque d'un continuateur d'Ambrogio Lorenzetti donne de la valeur aux fait sde peinture et de composition que nous avons étudiés précédemment car en comparant les deux manières de peindre à une vingtaine d'années de distance, nous comprenons mieux comment les peintres s'influencent et comment cette influence peut donner naissance à des copies moins signifiantes que l'original : ce qui est le cas pour notre exemple à présent.

Comme l'écrit Daniel Arasse [1](cf : op.cit. p.84) :

« Situés de part et d'autre d'un corridor menant à l'ouverture de la fenêtre, des deux édicules sont reliés par un arc à caisson et un pavement dessiné en damier dont le motif correspond à celui des sols latéraux, tandis que les portes peintes ouvertes sur les embrasures ont clairement pour fonction de permettre aux protagonistes de se voir et de se parler. Cette élaboration, une des plus abouties qu'ait réalisée un peintre du Trecento, est particulièrement efficace puisque l'épaisseur du mur semble annulée et sert, dans sa matérialité devenue transparente à faire surgir les figures « en avant » du plan de la fenêtre qui, à la différence de ce qui se passait à Montesiepi se confond avec le « fond » de l'architecture peinte ».

---

[1] Daniel ARASSE *L'Annonciation italienne*, op.cit. (p.90)

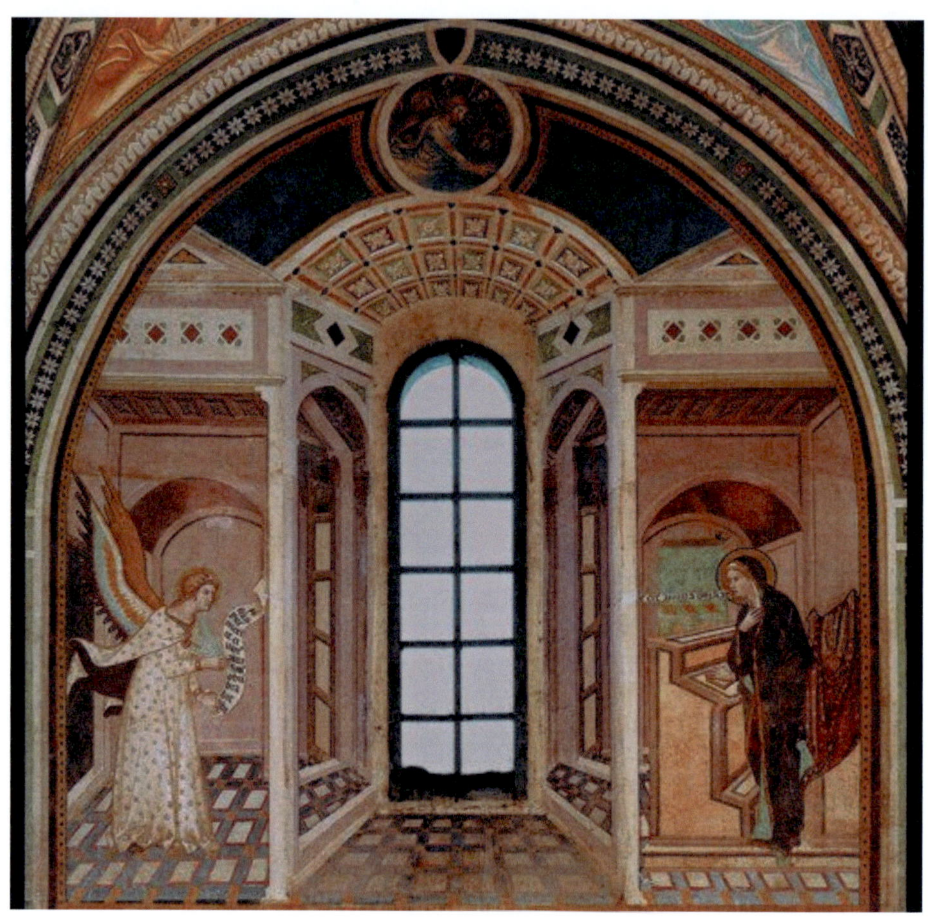

Fig. 13 Lippo Vanni vers 1365-1370 Annonciation fresque à San Leonardo al Lago (Sienne)

a-3-2 Analyse et sémiologie

La fenêtre réelle est intégrée à l'architecture feinte et s'insère harmonieusement dans le dispositif : elle devient un « attribut » de Marie - Marie qui comme une paroi translucide se laisse pénétrer par les rayons du soleil comme les « rayons du St Esprit « émanant de Dieu, placé dans un tondo -plus haut- atteignent le corps de Marie après avoir traversé les différentes architectures peintes. Cet « acte de peinture » -ici exprime bien cette *transgression de la surface*, les signes de la peinture se manifestent grâce à notre regard qui restitue le trajet des rayons lumineux de la lucarne divine au « lieu » où est placée Marie. Cette manière de jouer avec les différents lieux de la peinture est propre à cette peinture du Trecento et atteste de la connaissance des « lieux » au sens d'Aristote (un lieu et un corps). De plus, comme le précise Daniel Arasse (Cf : op.cit. p. 86)

« Cette normalisation de ce qu'avait élaboré Ambrogio Lorenzetti va de pair avec une accentuation de la mise en récit de l'Annonciation elle-même. Non seulement la colombe du Saint Esprit est représentée toute proche de l'auréole de Marie, mais, au centre de la paroi, au - dessus de la percée centrale, dans un tondo dont le cadre peint montre qu'il échappe au lieu déterminé par l'encadrement d'ensemble, Dieu le père est représenté en acte tandis que les phylactères tenus par Gabriel et Marie indiquent la fin du dialogue « Spiritus sanctus superveniet in te et virtus altissimi obumbrabit tibi » ; « Ecce Ancilla Domini fiat » (L'Esprit Saint viendra sur toi et la puissance reposera sur vous « Voici fait ») .

a-3-3 Bilan et place de ce procédé au regard des autres / comparaison et signification

Cet usage de l'emploi de la fenêtre au centre de l'Annonciation de Marie après Ambrogio Lorenzetti fut repris par bon nombre de peintres. Nous en donnons un exemple pris au livre de Daniel Arasse qui nous semble représentatif des influences que les peintres et leur « botega » ne craignaient pas de reprendre toute en leur insufflant leur propre manière.
Ainsi si nous regardons la représentation de la fresque de Biagio Di Goro Ghezzi à San Michele de Paganico en Ombrie (Fig. 14), les principes de la composition sont acquis : les deux édicules du « lieu » de l'ange et du « lieu » de Marie sont placés de part et d'autre de la fenêtre mais nous pouvons y voir des manières de peindre qui, certes,

attestent que les embrasures de la fenêtre sont peintes pour figurer l'architecture de fenêtre pour laisser passer la vue des visages pour

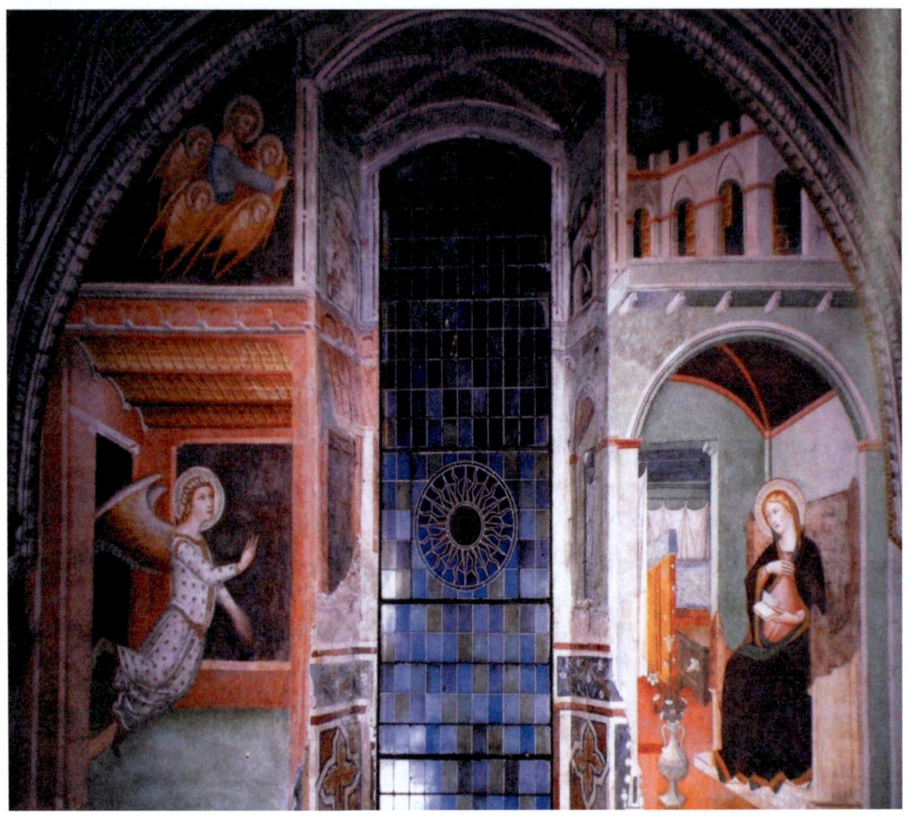

Fig. 14 Fresque de l'Annonciation de Biago Di Goro Ghezzi (1368) à San Michele Arcangelo

qu'ils se voient mais aussi pour que les rayons du St Esprit partant de Dieu le Père au milieu de ses anges puissent toucher Marie à l'intérieur de sa propre maison, le peintre ayant rajouté une colombe comme s'il craignait que notre regard ne s'égare et ne fasse pas le bon trajet du « ciel » à la pièce où Marie est assise, lisant. Les architectures feintes / peintes enrichissent la fresque mais du coup risquent de nous distraire de la signification fondamentale du message de

l'Annonciation. Comme l'écrit Daniel Arasse : « *Biagio Di Goro Ghezzi renforce le caractère allusif de l'architecture mariale tout en accentuant* « *la narrativisation* » *de la scène.* » (Cf : Op.cit. p.87)
Ainsi les variantes étudiées de ce procédé créé par Ambrogio Lorenzetti pour la composition d'autres représentations picturales de l'Annonciation par d'autres peintres de cette période du Trecento et du Quattrocento renforcent notre thèse qui est de penser que l'étude de ces détails de peinture nous ouvrent à une connaissance historienne plus approfondie de ces œuvres et de la période historique elle-même tout en respectant les caractéristiques de chaque œuvre, les moins connues comme les plus connues.

a-4 Une composition avec la fenêtre seule : Pietro da Rimini (1280-1350) - Santa Chiara Ravenna

Pietro da Rimini, en 1311, est appelé pour décorer l'église du monastère des Clarisses qui appartient à la famille Da Polenta. Il fut un continuateur de Giotto et un éminent représentant de ce que les historiens d'art nomment « l'école de Rimini ». Cette fresque de Santa Chiara à Ravenne est la première d'une trilogie qui se continue avec Santa Maria à Porto et ensuite à Tolentino avec la fresque de Saint Nicholas.[1] Elle offre pour notre corpus un grand intérêt d'une part de par sa date au début du Trecento et de par la composition choisie par Pietro Da Rimini.

a- 4- 1 - Description du lieu et de la fresque

Dans cette chapelle de taille modeste, les Clarisses demandèrent au peintre de représenter l'histoire du Salut. Aussi, si nous observons le dessin proposé par P.G. Pasini dans l'ouvrage en italien sur ce cycle,

---

[1]Nous vîmes celle de Tolentino et non celle de Santa Chiara, malheureusement. Notre connaissance de celle de Ravenne repose essentiellement sur le livre consulté en bibliothèque.

il apparaît que la fresque de Pietro da Rimini s'organisent de part et d'autre des fenêtres : la scène de la Crucifixion et de l'Annonciation.
 Ce cycle peint par Pietro da Rimini en 1311 offre des similitudes avec l'Annonciation de Ambrogio Lorenzetti comme nous l'avons vu à Galgano puisqu'elle inclut la fenêtre au cœur de sa composition.

a-4-2 Analyse et sémiologie du procédé mis en place par le peintre

Cependant ce qui est à remarquer plus en détails n'est pas tant l'Annonciation qui s'organise avec la fenêtre au centre, la colombe placée à gauche de la tête de Marie suffit à rappeler la venue de l'esprit de Dieu (Fig. 16-a et 16-b-) sans que Dieu le Père ne soit représenté., mais bien, la représentation du Christ en Croix qui présente, pour notre recherche, un grand intérêt.
En effet, si nous observons la peinture de Pietro da Rimini, la figure du Christ semble venir « tomber sur nous » qui regardons cette scène au pied de la Croix. Comme l'écrit P G Pasini [1] : Le Christ « sovrapposto alla parete e distaccato dall'architettura » - superposé et comme détaché - de l'architecture, semble vouloir venir à notre rencontre. Cette transgression de la surface procure un effet visuel semblable à ce qu'un trompe - l'œil procure visuellement : une avancée vers le regardeur. Au risque d'être anachronique, nous nous rappelons l'impression visuelle du Christ de St Jean de la Croix que Salvador Dali peignit en 1951. Le procédé pictural est certes différent mais l'intention des deux peintres fut peut-être la même celle de rapprocher ce Christ très humain de l'humanité des Religieuses consacrées à la prière et à sa gloire dans ce monastère franciscain au Trecento.
Les regards des anges et leur gestuelle - en particulier celui qui recueille le sang qui jaillit du flanc du Christ tourne la tête tant il semble horrifié de la scène- témoignent de cette humanité souffrante,

---

[1] A. Emiliani, G.Montanari, P.PG. Pasini, *Gli Affreschi trecenteschi da Santa Chiara in Ravenna* -Longo Editore Ravenna 1995 (p. 52)

une véritable dramaturgie voulue qui par le pinceau de Pietro da Rimini laissent s'exprimer toute la douleur ressentie (Fig. 15 et 17).

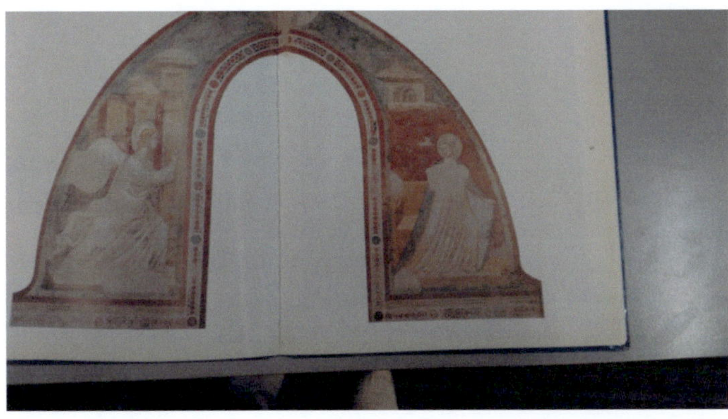

Fig 15 Annonciation de Pietro da Rimini - 1340- avec fenêtre au centre (livre cité)

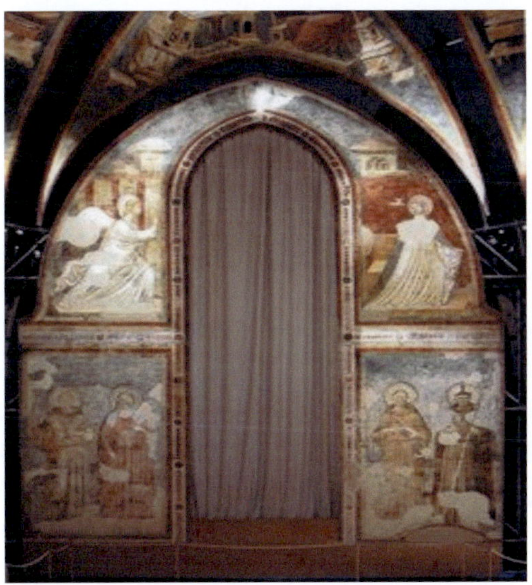

Fig 16 Vue d'ensemble de la fresque de Pietro da Rimini - Annonciation

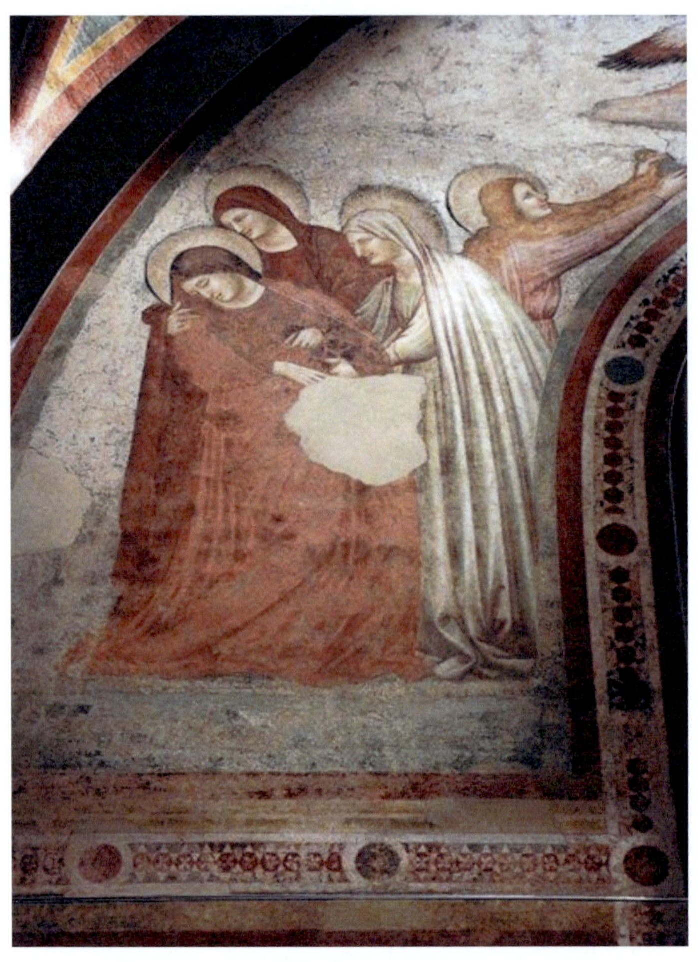

Fig 17 Détail des femmes au pied de la Croix Pietro da Rimini 1340

Madeleine tend les bras vers le Christ dans un geste de déploration, le détail des visages éplorés et le drapé des vêtements des femmes les unit en une seule douleur qui touchent celui qui les regardent. Cette composition enrichit notre corpus car elle témoigne de ce savoir -faire des peintres du Trecento à rendre de plus en réel visuellement la « pensée » de leur peinture. On sait à quel point les Franciscains ont contribué à humaniser la vision du Salut, St François d'Assise ayant revitalisé le message évangélique par son engagement à vivre dans la pauvreté.

a-4-3 - Bilan et place de ce procédé au regard des autres / comparaison et signification

Pour notre étude, cette fresque de Pietro da Rimini témoigne de la présence de ces influences mutuelles entre les peintres, celle fondatrice de Giotto mais aussi de continuateurs comme Pietro Lorenzetti dont la Crucifixion à la Basilique Inférieure influença un grand nombre de peintres à l'époque. La peinture de Pietro da Rimini témoigne d'un choix voulu de rendre lisible l'humanité du projet divin dans cette histoire du salut des hommes par la mort du Christ en croix. Les trois scènes : L'Annonciation, La Crucifixion et la Nativité donnent à voir les trois moments les plus incarnés du Christ, fils de Marie et de Dieu sans que celui-ci ne soit jamais représenté.
La composition de la fresque avec la prise en compte des éléments architecturaux : la fenêtre mais aussi la voûte atteste de la mise en œuvre du peintre de savoir « jouer » avec ce donné architectural pour faire jouer tous nos sens afin de favoriser un sentiment de compréhension du message évangélique en mettant en branle nos émotions, chemin direct à la contemplation et à la prière comme c'était certainement le cas pour les Clarisses de la Chapelle, vouées à la pauvreté selon la volonté de Sainte Claire, qui se convertit à la règle de St François en 1210.

Ainsi au terme de cette première solution qui consiste à se servir de la fenêtre seule et aussi de ses embrasures, notre corpus depuis Matteo Giovannetti au Palais des papes et Pietro da Rimini, nous constatons que ce traitement de cet élément architectural (qui fut l'objet de notre master 1) méritait d'être approfondi comme nous l'avons fait même si nous savons que le cadre même de ce Master 2 en limite les exemples. Le traitement de la surface pariétale qui s'est joué avec ce vide apparent puisqu'il le comble soit par la peinture des surfaces plus petites des embrasures soit en se servant de sa symbolique comme lieu de la lumière divine - passage même de l'Esprit de Dieu confirme la « pensée » de ces peintres du Trecento et du Quattrocento à s'affranchir des contraintes pour signifier autrement souvent en l'humanisant le message des « *storie* » comme nous venons de le voir à Santa Chiara à Ravenne.

C'est pourquoi à présent, nous continuons notre enquête sur le jeu de la composition picturale avec d'autres éléments de l'architecture - autres que la fenêtre- pour argumenter plus avant de notre point de vue qui cherche à se saisir des détails (des solutions trouvées par les peintres) pour manifester non seulement leur savoir-faire mais aussi leur vision du message à transmettre en fonction du lieu imparti et du commanditaire.

B. Solution 2 - les angles des murs : une illusion en 3D

b-1-1 Description du lieu et de la fresque de Filippo Lippi

C'est au Duomo de la ville de Prato, à vingt kilomètres au nord de Florence que Filippo LIPPI en 1452 commença le chantier des deux fresques que nous étudions à présent.

Comme l'écrit Cristina Gnoni Maravelli dans son article publié dans le livre de l'Exposition Lippi qui eut lieu au Musée du Luxembourg à Paris,en 2009 [1] :

« *Avec les scènes de la vie des saints Étienne et Jean - Baptiste qu'il a réalisées dans la chapelle Majeure de la cathédrale de Prato, Filippo Lippi a accompli un extraordinaire travail de renouvellement du langage pictural, annonciateur de l'art des maîtres suivants comme Sandro Botticelli, Domenico Ghirlandiao, Michel-Ange et Andrea des Sarto.* »

---

[1] Filippo et Filippino Lippi *La Renaissance à Prato* Paris Musée du Luxembourg 25 mars- 2 Aout 2009 Silvana Editoriale 2009

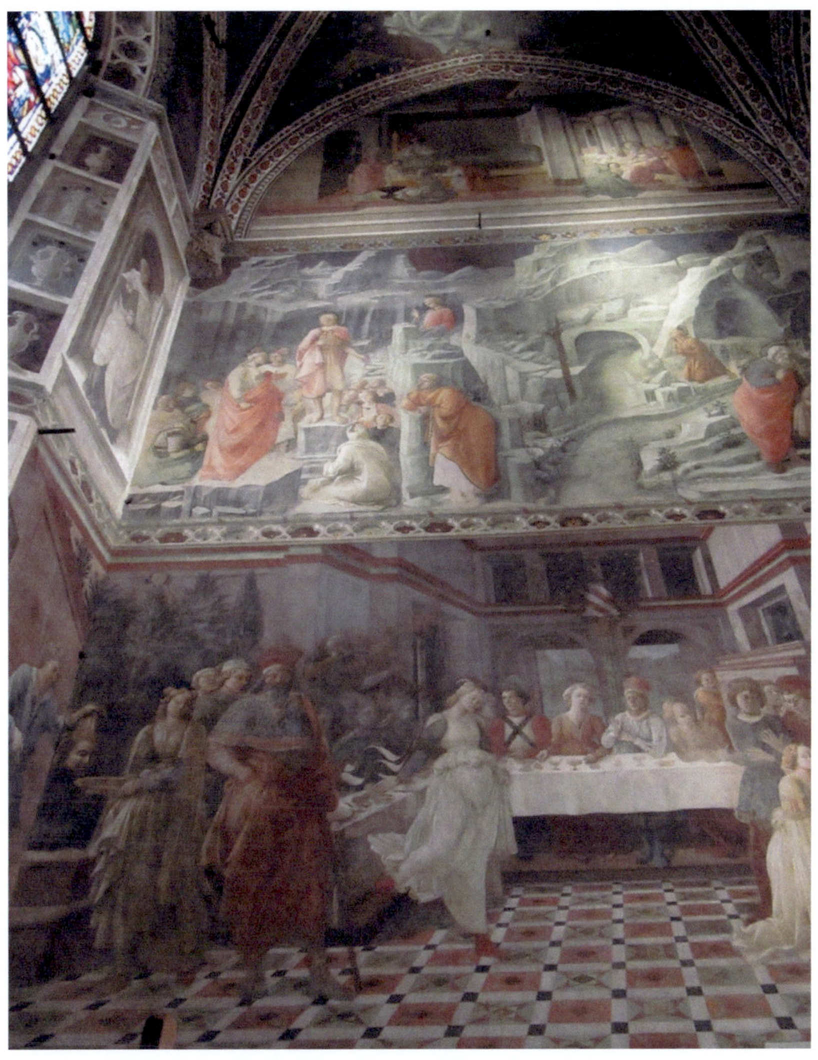

Fig 18 Fresque de la Vie de St Jean Baptiste (1452) Filippo LIPPI
Prato

De fait, le travail de Lippi (1452) enrichit considérablement notre
corpus initial car il propose une deuxième solution concernant le
traitement de la surface pariétale à peindre pour narrer la « storia ».

On assiste à un débordement de la peinture qui au-delà du cadre peint, lui -même abondamment élargi au point de gagner toute la surface du mur (400 m²) (Fig.18) semble vouloir gommer l'angle pour au lieu de s'en servir pour arrêter le continuum de la scène représentée, l'inclut de la meilleure manière pour visualiser un volume - la troisième dimension que notre « œil » accepte bien volontiers car cela est pertinent.

Ayant eu la chance d'aller « à pied de fresque », nous nous servons de notre expérience pour, tout d'abord décrire ce que l'on voit quand on arrive dans la chapelle majeure de la Basilique en prenant le temps de décrire, quand on est face au vitrail qui décore le mur du fond, à main droite la fresque de la vie de St Jean- Baptiste (saint lié à la fonction baptismale de l'Église et saint patron de Florence) et à main gauche, la vie de St Étienne, patron titulaire de l'Église et saint patron de la Ville de Prato.

Les scènes des deux vies se déroulent en parallèle sur les murs latéraux à l'intérieur de trois registres. Filippo Lippi a mis en avant les scènes de jeunesse : naissance et prêches aux registres du haut et médian, pour placer au registre du bas, à hauteur du regard du visiteur : les deux scènes de martyr : celui de la décollation de Jean Baptiste à droite / angle droit et celui de la lapidation d'Étienne à main gauche / angle gauche. Cette composition en parallèle renforce le pouvoir de l'illusion peinte d'autant plus que la taille donnée aux personnages est grande, respectant la taille réelle d'un homme et même plus grande par exemple pour la taille de la tête de Jean Baptiste décapitée.

b-1- 2 Angle droit : décollation de Jean Baptiste

Si l'on regarde la photo de la Fig 19, il est intéressant de détailler le « geste de peinture »

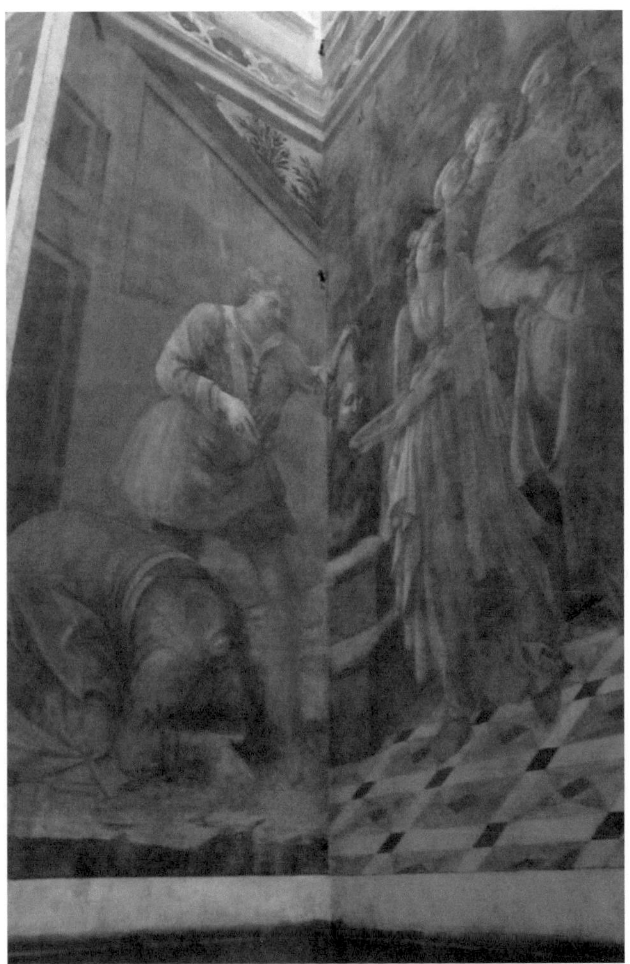

Fig. 19 Angle du mur - décollation de St Jean Baptiste Filippo Lippi 1434

Filippo Lippi représente le bras du bourreau qui a fini son travail : il porte son épée sur l'épaule la tenant de sa main droite et tient de sa main gauche la tête de Jean- Baptiste par les cheveux, dressés sur sa tête, seul son bras gauche pénètre la surface du mur de droite et la servante est à ses côtés pour la recueillir dans une corbeille. L'angle du mur épouse donc l'angle du bras du bourreau, créant une illusion de 3ème dimension qui frappe quand on regarde la scène. Mais si on est plus attentif à la manière dont les deux panneaux sont mis en rapport de peinture, force est de constater qu'à la différence par exemple de Matteo Giovannetti qui peint en continu (même lieu) l'eau de la barque de Zébédée entre le mur et l'embrasure de la fenêtre à la Chapelle St Jean (cf : Fig.8), Filippo Lippi différencie fortement les deux lieux. Sur le panneau du fond : lieu de la scène du martyr, une maison dont on aperçoit le mur haut avec un peu de végétation, la porte ouverte, peut faire penser à une prison hors de la ville car le sol semble être de terre battue. Le corps décapité de Jean Baptiste plié en deux les épaules en avant laisse imaginer le coup puissant que le bourreau lui a asséné. La couleur du mur de la maison est d'un rose violacé ; et de l'autre coté sur le mur de droite, la couleur est foncée - une sorte de bleu foncé- et surtout le dallage en damier qui se répand sur toute la surface de la scène du banquet d'Hérode jusqu'à l'autre côté de la pièce correspond à une habitation riche et luxueuse.De plus à l'angle de cette pièce du banquet, un socle en pierre fait penser à une fontaine. Aucune liaison, aucune transition peinte entre les deux « lieux ». Au contraire, seul, le bras du bourreau accentue cette invraisemblance des « lieux » : celui du lieu de l'exécution- manifestement à l'extérieur du palais- et celui du lieu - une sorte de jardin extérieur au palais où la servante reçoit la tête de St jean Baptiste dans la corbeille. L'illusion peinte par Filippo Lippi fait fi de cette invraisemblance (des lieux -décor) pour souligner que le temps du récit fait comme un raccourci : l'essentiel étant de visualiser l'horreur de l'acte : la monstration de la tête décapitée offerte à Salomé qui l'offre à sa mère adultère : Hérodiade. Cet angle des deux murs permet à Lippi de jouer avec l'illusion un peu à la manière d'un trompe - l'œil donnant à notre regard un rôle « actif ». On sait qu'il n'y a pas de troisième dimension mais elle est si bien feinte que nous en sommes « touchés ».

De plus, la taille des personnages en particulier Hérode au premier plan et la tête de Jean- Baptiste, (Vasari écrit sur Filippo Lippi dans les *Vite* : « *Il fit dans cette œuvre les figures plus grandes qu'en réalité de sorte qu'il introduisit chez les autres artistes modernes la façon de donner de la grandeur, à la manière d'aujourd'hui* ») imposent par leur stature. De même le mouvement des personnages rassemblés autour de la table luxueusement parée donnent une vie incroyablement « réelle » et le visiteur ne peut qu'être séduit par cette réussite d'une peinture qui figure la profondeur de la pièce avec cette perspective qui « ouvre » la pièce sur un jardin sur le panneau du fond. Les détails des visages (Fig.17-d) comme celui de cette servante, la grâce de Salomé dansant, la couleur des costumes, la mobilité des attitudes et des visages, le jeu des proportions entre la masse imposante d'Hérode et la tête augmentée de Jean Baptiste forcent le regard. Nous sommes séduits par l'ensemble de la scène où l'agitation des corps cache le tragique de la décollation. Visuellement, Fra Filippo Lippi nous a « piégé » : nous sommes devant une scène dont nous devenons le contemporain. Si l'on sait que cette période - ces 14 années - (1452 - 1465) où Lippi séjourna à Prato fut celle où il devint amoureux de Lucrezia- Buti dont il eut un enfant : Filippino (petit Filippo) qui a sa mort, rejoindra l'atelier de Botticelli, cela concorde avec ce sentiment de « vie » surtout exprimée par les femmes de la représentation[1]. Le peintre connut une période de gloire et ses contemporains admirèrent cette fresque comme le note Cristina Gnoni Mavarelli (op.cit., p. 53) d'autant plus que Lippi l'avait embellie de « pastilles de cire dorée, placées dans les auréoles, dans les vêtements, dans les ourlets des couvertures, aux endroits où la lumière est la plus intense et où le peintre a voulu accentuer le reflet de la lumière et obtenir ainsi une peinture éclatante ». Et de citer le commentaire fait en 1481 par Cristoforo Landino : « *Fra Filippo fut gracieux et orné et artificieux*

---

[1]Une critique ose affirmer que Salomé et Hérodiade seraient les représentations picturales de Lucrezia jeune fille puis mère.

à l'extrême, il réussit parfaitement dans les compositions et variétés, dans la couleur, dans le relief, dans les ornements de toute sorte... »[1]... Nous ne pouvons que souscrire à ce commentaire du Quattrocento même si les adjectifs que nous employons pour qualifier le travail de Lippi se sont pas les mêmes, nous dirions : ingénieux, humains, plein de vitalité, mouvements des corps qui expriment ceux de l'âme, un réalisme des figures au point d'en faire des « archétypes » visuels qui seront repris plus tard par Botticelli, cette alliance de joie et de tristesse des visages de Salomé, ces nuances d'expression qui marquent pour toujours notre œil (et notre mémoire) quand on les a vues.

b-1-3 - Angle gauche : lapidation d'Étienne

Si à présent, nous regardons avec intérêt l'angle gauche de la fresque, nous y découvrons le martyr d'Étienne - sa lapidation - qui eut lieu hors de la ville selon la légende[2] (Fig. 20). Si nous regardons la composition de cette scène, nous remarquons que Lippi a dessiné à l'arrière-plan, une montagne rocheuse et un sol détaillé où les cailloux qui servent d'armes à tuer sont visuellement bien dessinés au premier plan.

---

[1]Ce jugement est cité dans Baxandall, *Painting and experience in Fifteenth century Italy. A -primer in social History of pictorial style.* Oxford 1972. p.118

[2] Mais le discours d'Étienne, mettant en œuvre une rhétorique jusque-là difficile à critiquer par le Sanhédrin, change brutalement d'orientation, et s'en prend violemment à l'assemblée du Sanhédrin. Interpellés comme des hommes au « cou raide », « incirconcis » dans leurs cœurs et leurs oreilles, ses juges se jettent sur Étienne, *le traînent hors les murs de Jérusalem et le lapident.* Les *Actes* racontent que Saul, plus tard converti et devenu apôtre sous le nom de Paul, garde les vêtements des meurtriers et approuve alors ce meurtre *(Actes, 7, 54-60).*

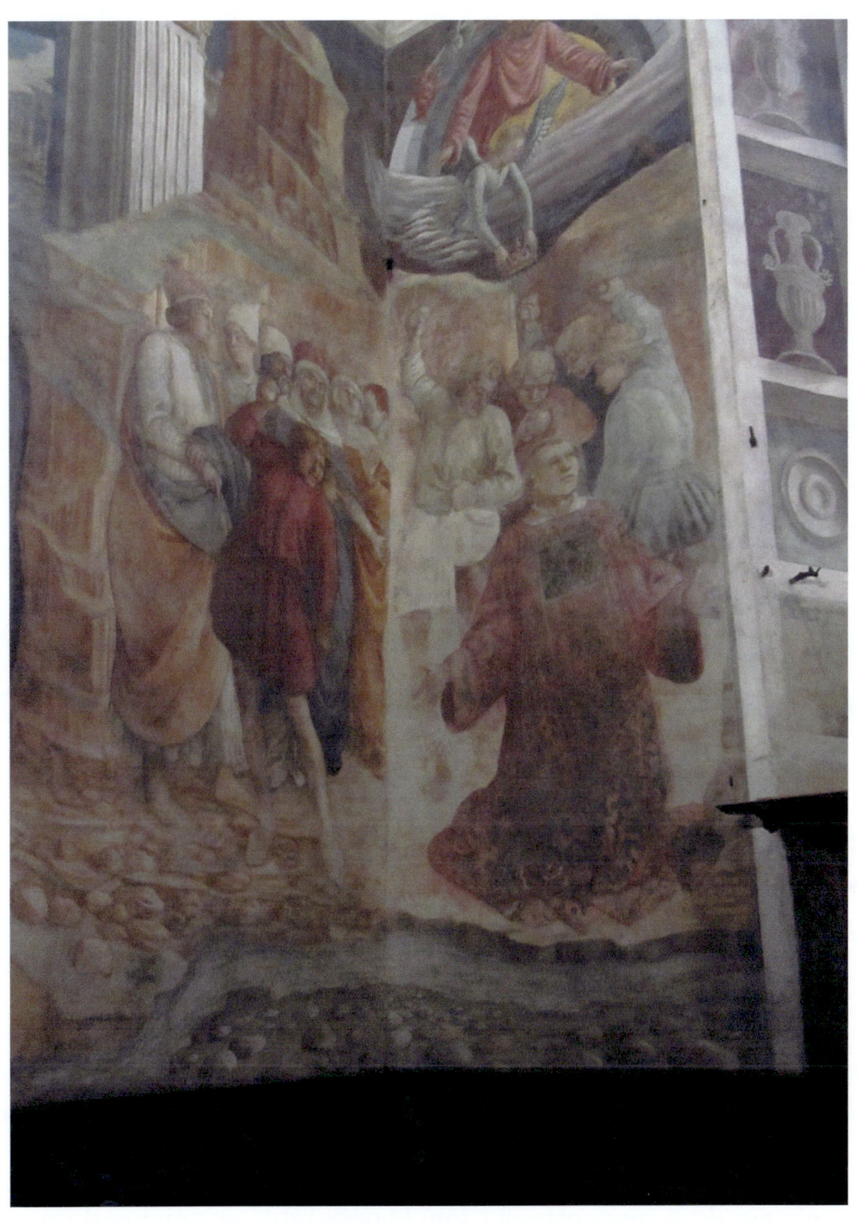

Fig. 20 Composition de la lapidation d'Étienne -Filippo Lippi - Prato
1452

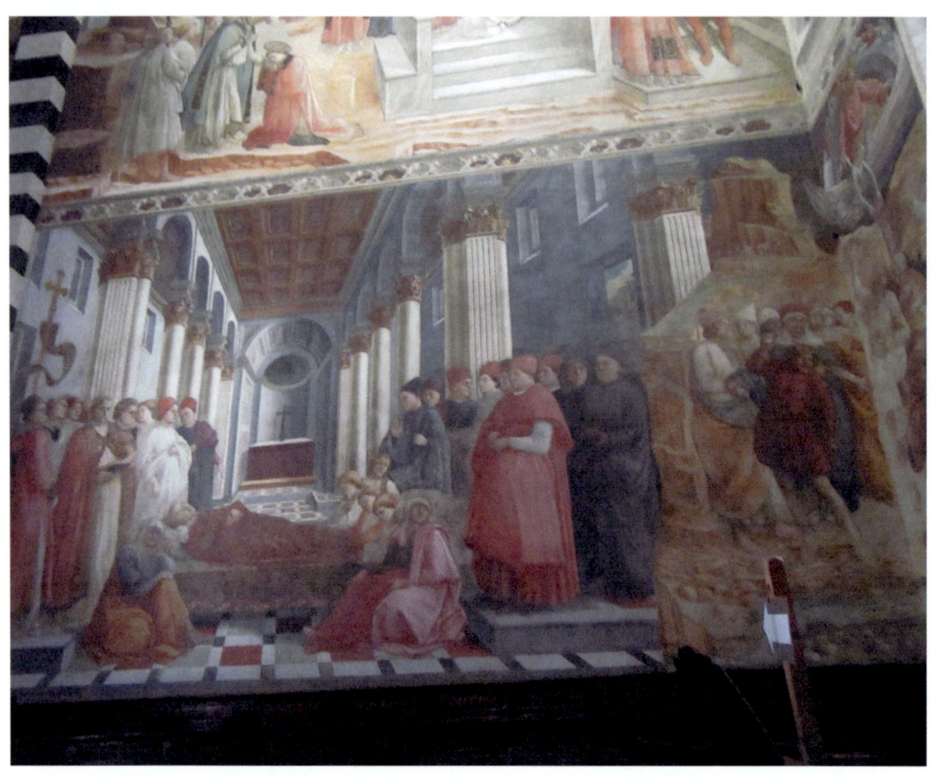

Fig. 21 Mort de St Étienne Filippo Lippi à Prato 1452

L'angle des deux murs s'intègre à la composition dans son ensemble avec une maîtrise qui nous semble plus grande que pour la décollation de Jean Baptiste. En effet, nous voyons trois registres (Fig. 21 bien distincts : tout en haut Dieu au-dessus des nuages bien dessinés, figure de Dieu qui semble être celle du Christ car le visage est jeune, il regarde en bas la scène de la lapidation et envoie son Ange qui tient une couronne dans les mains, signe de la « royauté » promise par le Christ dans ses Evangiles à ceux qui le suivent - pour accueillir l'âme d'Étienne. Étienne fut le premier martyr qui mourut à cause de ses prêches qui témoignaient de sa foi en Jésus Christ, mort et ressuscité. L'angle des deux murs offre à Lippi la possibilité de peindre d'un côté sur le mur de gauche, le lapideur -habillé de rouge et fort bien dessiné- qui lance sa pierre sur Étienne à genoux qui la reçoit sur l'autre mur du fond. Nous sommes face à « ce geste de peinture » qui joue de la réalité virtuelle due à l'effet visuel que nous regardons. Un triangle de regard se joue entre un plan A à gauche, un plan B à droite, et un plan qui est celui du regardeur, un triangle virtuel s'établissant entre les trois plans. Nous avons là une solution trouvée par le peintre pour transgresser la surface des deux plans : le A et Le B pour en créer un autre - virtuel - le plan C - celui du regardeur. Il y a là une intelligence de la connaissance de la perception et de la géométrie dans l'espace qui force l'admiration. Le jet de pierre « traverse « le vide de l'espace créé par l'angle des deux murs pour venir blesser Étienne à genoux en position de prière.

En 1452, à Prato, Filippo Lippi occupe tout l'espace des surfaces pariétales offertes par la chapelle et en peignant avec « science et intelligence » une scène du passé qui grâce à sa peinture s'actualise devant les yeux de celui qui regarde. Nous retrouvons bien ici avec ce « jeu » des angles des murs, une volonté de faire participer le visiteur à la force évocatrice de l'image et par là même de lui assurer une mémorisation de cette scène de la vie du Saint qui par empathie et tristesse avec la scène représentée (la souffrance endurée) l'aide à modeler sa vie chrétienne sur l'attitude spirituelle du martyr exemplaire : qui meurt devant nous à cause de sa foi. La fonction didactique et chrétienne de la fresque est réussie parfaitement et au-delà de cette réussite demandée par l'Église, elle exprime de la part de Filippo Lippi une maîtrise de l'espace du « lieu » et des « lieux » de la *storia* car de même que nous l'avons remarqué pour le martyr de St Jean- Baptiste, il n'y a pas de transition entre ce « lieu » hors de la ville matérialisé par le paysage, le sol caillouteux et la petite rivière qui coule au premier plan et celui architecturé de l'église pour la cérémonie des funérailles du saint où seul, le pilier finement dessiné au chapiteau corinthien marque la limite entre les deux « lieux ». La scène des funérailles (Fig.22) qui occupe tout le panneau au registre bas -celui de notre regard- met en scène la communauté des hommes célèbres religieux et civils comme sans doute cela était le cas lors de

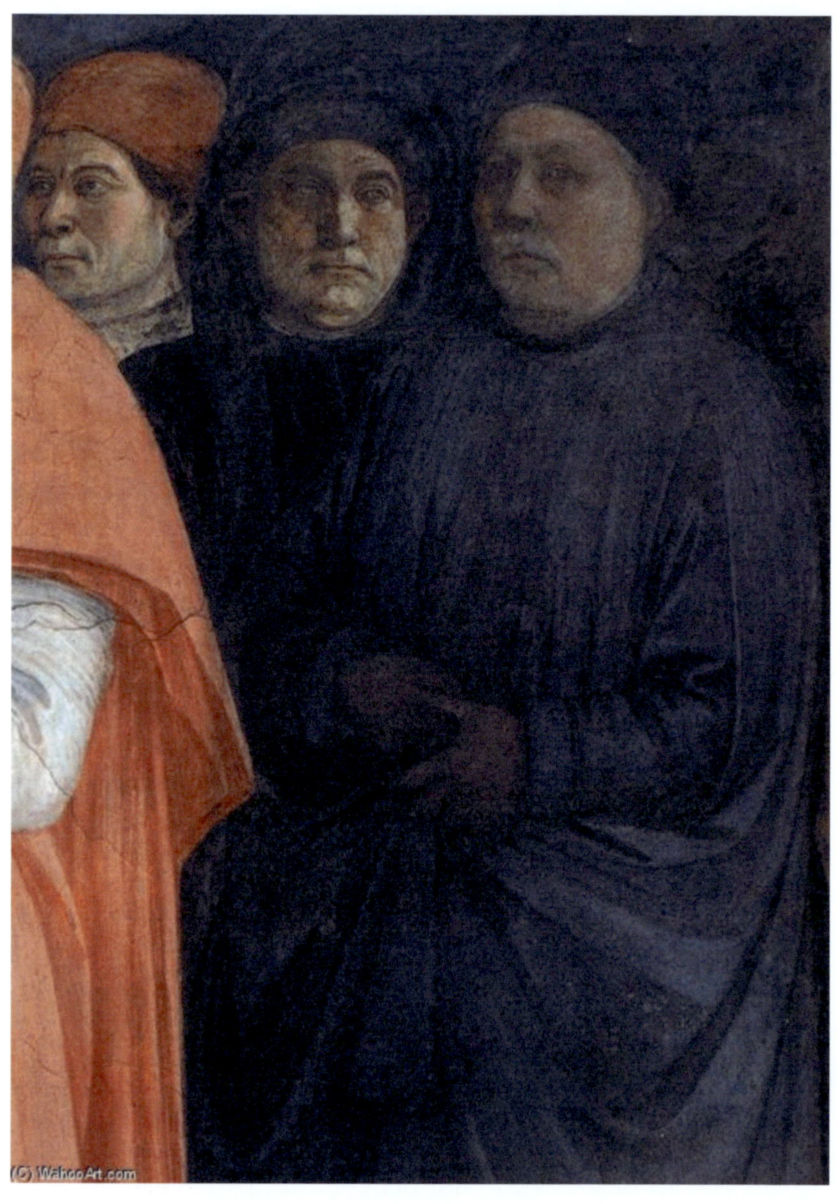

Fig. 22 Filippo Lippi et Fra Diamante dans le groupe des notables
aux funérailles de St Étienne - 1466-

la fête de saint patron de la ville, lors de la cérémonie du 3 Août où toute la communauté de Prato célébraient l'anniversaire de la translation des reliques du Saint. On sait que Lippi n'a pas résisté à ne pas se représenter avec Fra Diamante son fidèle second (Fig.22), ce qui atteste de sa renommée de son vivant puisque les commanditaires acceptèrent ce portrait du peintre exécutant, sans doute parce qu'eux-mêmes, étant bien portraiturés, savaient qu'ils gagnaient une renommée postume. Comme l'écrit Maria Pia Mannini dans son article [1](op.cit. p. 19) « Dans la fresque de St Étienne, Filippo Lippi se représente à côté de son élève Fra Diamante aux oreilles décollées. Cette représentation de soi en peinture est une première.

---

[1] Filippo et Filippino Lippi *La Renaissance à Prato* op.cit.

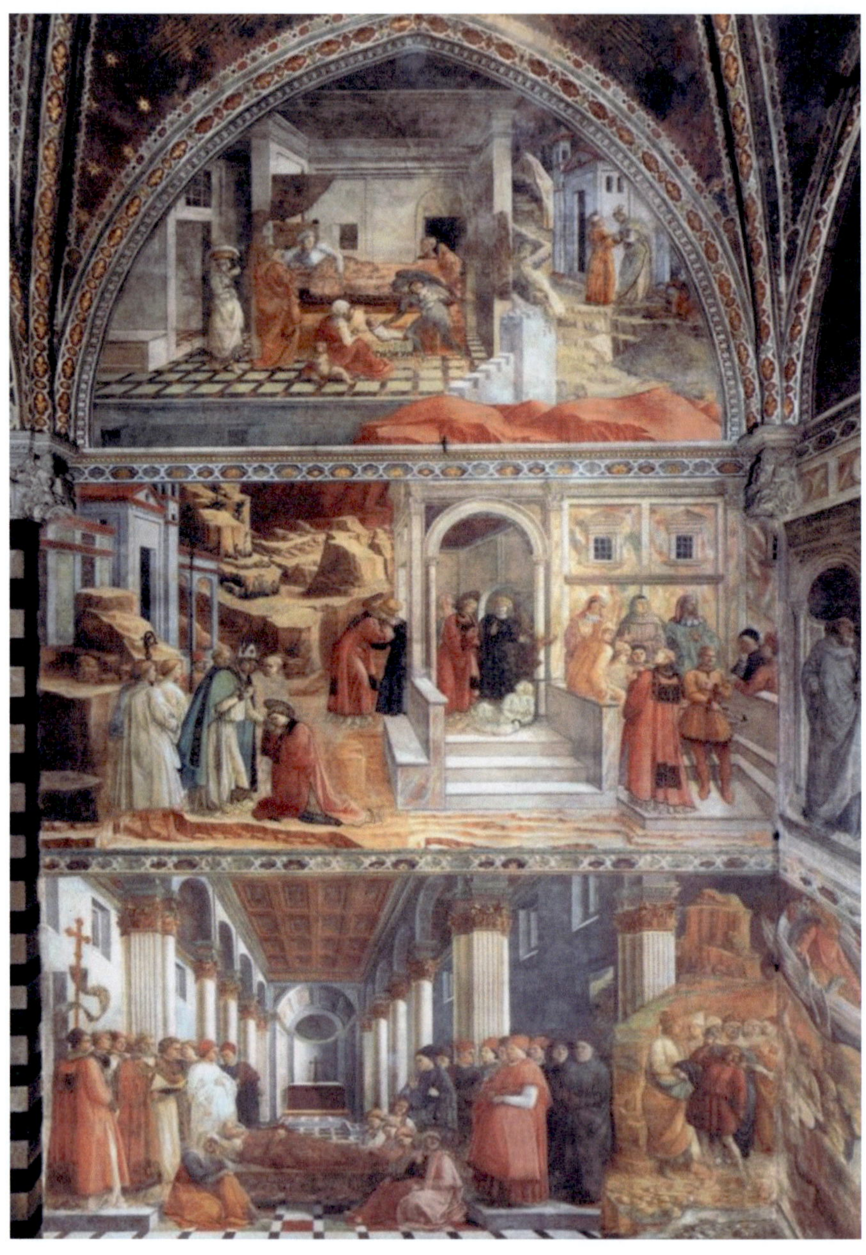

Fig. 23 Vue d'ensemble de la fresque de St Étienne à Prato

b-2 Comparaison avec d'autres fresques peintes sur le même thème Ucello / Lippi au Duomo de Prato et Domenico Ghirlandaio à Santa Maria Novella Florence

Quand Lippi peint les fresques de notre corpus, il a déjà vu et restauré, en 1454, les fresques de Agnolo Gaddi, fils de Taddeo, qui travailla aux fresques de la Sainte Ceinture de 1392 à 1394. Il a vu la fresque de Paolo Uccello (Fig. 19 - a - b -) dans la chapelle de la famille Marcovaldi dans la cathédrale et si nous les comparons, il est intéressant de constater les apports de Lippi quant au traitement de la surface pariétale et à cette transgression de la surface. Par la puissance de ces figures - le « réalisme » qu'il sait insuffler au scène - il humanise les figures des personnages. En les humanisant et en leur donnant cette « vie picturale » due aussi à son talent de portraitiste, il rend vivant le mystère de la foi. La programmation iconographique fut mise au point par le prévôt Geminiano Inghirami que connaissait Filippo Lippi lors d'un séjour antérieur fait à Prato.

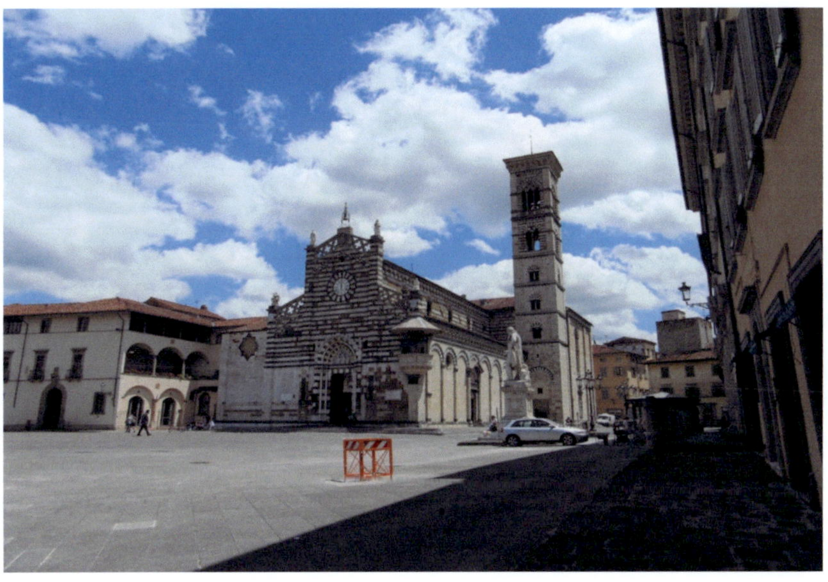

Fig. 24 Le Duomo- Vue de la place - Prato –

73

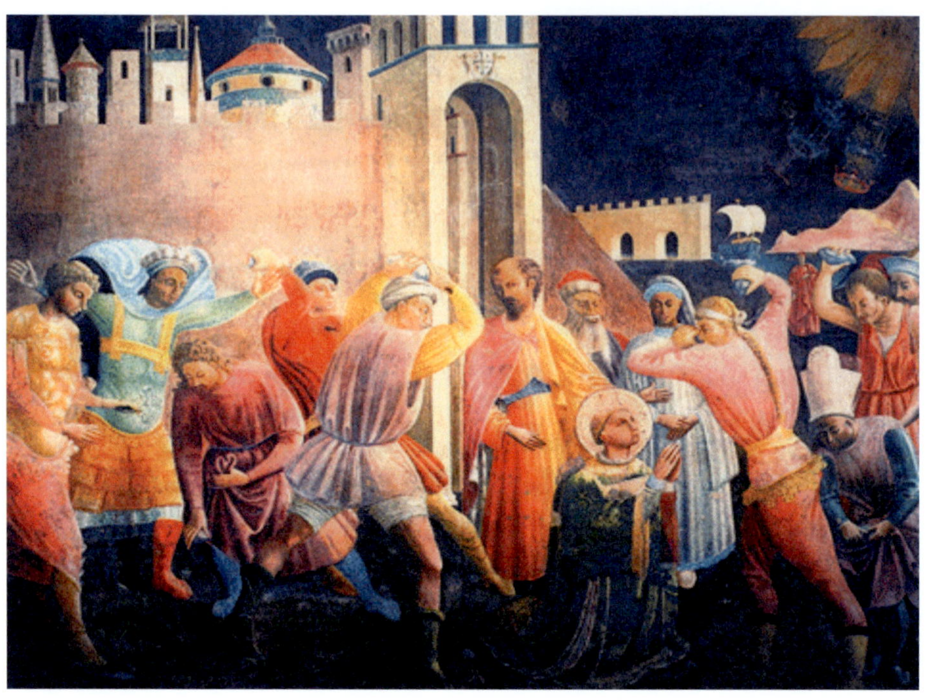

Fig 25 Lapidation de St Étienne Chapelle de l'Assunta - 1434 - 1435

La partie inférieure avec les personnages est d'Andrea di Giusto.

Il est instructif de mettre en regard la scène de la lapidation d'Étienne d'Uccello (Fig. 25) et celle de Filippo Lippi. Avec Uccello, nous regardons une très belle image : la composition est fine mais il y a comme une esthétisation des corps et des attitudes alors qu'avec Filippo Lippi et grâce à la « trouvaille » de l'angle, nous « participons » à la scène qui a lieu devant nos yeux. La taille réelle des protagonistes et même la taille agrandie du Saint donne une illusion de vérité : les garçons dans le fond gesticulent et lancent des pierres, le visage de St Étienne est humain, concentré sur sa prière. Cette humanité peinte, figurée, « touche » et appelle notre participation.

Comme l'écrit si justement Daniel Arasse- [1]dans son ouvrage *L'homme en perspective* p. 45 :

« Une direction d'évolution se dégage progressivement (au Trecento et au Quattrocento) qui tend à élargir la dimension spatiale des panneaux occupés par les storie et leurs personnages [...] Une composition visant à employer l'ensemble du mur pour répartir les détails de l'image reliés au thème principal.Mais il est frappant de voir cette respiration spatiale de plus en plus large se lier à une transformation de thèmes qui, à l'origine, ne le supposent guère. : une tendance à l'unification et à « l'historicisation » des thèmes ou des personnages ».

Avec Lippi, la peinture religieuse devient polyvalente : - elle figure des événements pris à la vie des deux saints (St Étienne et St Jean-Baptiste) - tragiques et béatifiques - appelant à « une intimité vécue » pour le croyant. L'humanisation des protagonistes est si grande qu'ils deviennent des hommes et des femmes « contemporains » du visiteur et à plus forte raison du croyant.
Avec Domenico Ghirlandaio, en regardant les fresques de la Vie de Marie de la chapelle centrale de l'abside de l'église Santa Maria Novella à Florence, nous remarquons des influences majeures comme les attitudes, les gestes, les visages des femmes si « présentes dans la scène de la naissance de Marie et encore plus dans celle où Anne est allongée sur son lit en repos après la mise au monde de Marie. La figure de la femme toute en mouvement portant sur sa tête la corbeille de fruits rappelle la danse de Salomé ou encore la fluidité des vêtements des servantes lors du banquet d'Hérode. La peinture de Ghirlandaio est plus chargée de détails de décoration et de motifs qui nous semblent trop anecdotiques et inutiles à la bonne compréhension de la « storia », une surabondance de signes picturaux qui attestent d'un grand savoir- faire mais qui, pour nous, finissent par brouiller

---

[1]Daniel Arasse. L'homme en perspective. Les primitifs en Italie 2008 2011 Hazan

quelque peu le message de l'histoire sacrée représentée. Cette comparaison rapide d'un peintre précurseur de Lippi et d'un autre postérieur et continuateur suffit à rappeler la place éminente de Fra Filippo Lippi dans cette période du Quattocento quant à sa liberté d'expression et à ses nouveautés de traitement de la surface pariétale qui comme l'écrivait D. Arasse fait « respirer l'espace peint ». Cette métaphore nous semble particulièrement bien appropriée pour dire notre « ressenti » face à ses œuvres. Nous y respirons un « air » qui communique le mouvement de la vie dans un espace peint qui sollicite notre regard participatif, bon pour comprendre ce qui se passe « là » dans cette peinture, porteuse d'une pensée faite de nuances : tragédie et amour, humain et divin, l'Invisible qui s'incarne dans le Visible, un mystère ...

b-3. Solution 3 : Intégration de la voûte de la porte de Pietro Lorenzetti - 1320- 1340-

Avec Pietro Lorenzetti, frère aîné d'Ambrogio que nous avons rencontré avec *l'Annonciation* à la petite chapelle de San Galgano, nous sommes en 1320, au Trecento. Nous n'avons pas voulu présenter les fresques de notre corpus en respectant les dates car il nous semblait plus important de traiter des « comment », des solutions trouvées à cette transgression de la surface plus que de se placer dans une lecture linéaire. Nous reviendrons dans la conclusion sur la dynamique chronologique.

Quand Pietro Lorenzetti vint à Assise pour peindre le cycle des vies de Jésus en 1320, cela fait déjà trente ans que Giotto et son atelier ont fini de peindre la fresque de St François. Ici, dans la basilique inférieure, la surface pariétale est voûtée et le travail des fresquistes plus difficile. Les scènes de la vie du Christ sont réparties par paire depuis la voûte du plafond jusqu'en bas et elles font face à l'immense fresque représentant le Golgotha. Cette mise en scène de la passion du Christ impressionne le visiteur par sa taille et par la profusion des personnages présents :

« C'est une mise en scène épique du Golgotha. Les croix occupent une place gigantesque devant un immense espace vide d'un bleu profond. Le Christ est représenté avec des dimensions supérieures à la taille humaine. C'est la plus ambitieuse de toutes les scènes de foule de la pré-Renaissance. Elle ne comprend pas moins de cinquante personnages, tous puissamment différenciés. Autour de Marie évanouie se pressent les disciples et des croyants, tous encerclés par les soldats le plus souvent à cheval. Les soldats dominent la foule, certains sourient. Se dégage, à l'arrière-plan, la silhouette spectaculaire du centurion Longin, auréolé au moment de sa conversion. » [1]

Pour la scène du Lavement des pieds, Pietro Lorenzetti a dû trouver une solution pour inclure dans sa composition, la voûte de la porte comme nous le voyons sur la photo du lieu Fig. 26, porte qui mène à la cour intérieure de la basilique.

---

[1] http://www.cineclubdecaen.com/peinture/peintres/lorenzettipietro/crucifixionassise.htm

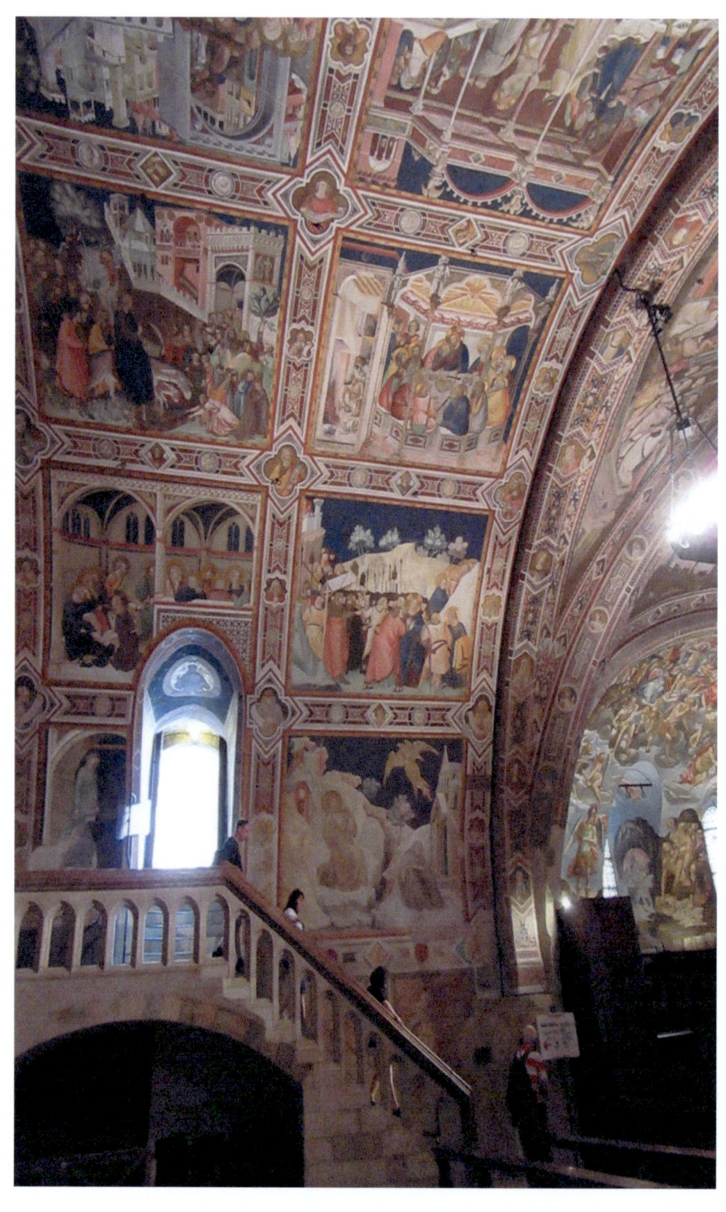

Fig. 26 Vue d'ensemble du mur de la fresque de Pietro Lorenzetti -
1320 -1340. Basilique inférieure d'Assise

Observons sa solution : il a peint la scène sur deux niveaux, ménageant une estrade avec une balustrade ouverte sur laquelle les disciples s'accoudent. L'architecture peinte offre un volume d'une salle voûtée avec des colonnettes, ce qui fait que l'architecture peinte rappelle le dessin de la voûte existante de la porte. De plus, cette élévation « anime » de la meilleure manière le groupe des apôtres qui se transforment en « spectateur » de la scène légèrement plus bas du Christ qui lave les pieds de Pierre qui porte sa main à sa tête pour illustrer la parole du Pierre dans l'Evangile de Jean (13-1-15) « Maître pas seulement les pieds mais aussi la tête ! » exprimant par là son désir de purification. [1] Notre regard est attiré par « cette scène pleine de vie qui oppose le Christ agenouillé » et l'apôtre Pierre. La gestuelle des apôtres est riche de signification : étonnement et réflexion avec la main sous le menton, pied levé avec la sandale que l'apôtre s'apprête à ôter, discussion entre les deux apôtres voisins de Pierre, manche retroussée du Christ qui par ce geste du lavement des pieds veut signifier qu'il se met au service de ces compagnons, marquant ainsi son humilité.

Pietro Lorenzetti a situé cette scène dans une salle aux voûtes bien dessinées, peinte d'un ciel bleu foncé rempli d'étoiles et aérée de fenêtres en ogive fines et délicates, qui expriment plus une salle de palais que celle d'une pièce d'une humble maison. Les oiseaux peints (des aigles ?) dans les corniches de la salle rajoutent à la finesse et à la richesse suggérée de la demeure.

Ainsi la voûte de la porte au lieu d'être une gêne pour la composition s'est transformée par l'intelligence plastique de Pietro Lorenzetti en création d'un lieu qui s'anime et donne à cette illusion peinte une force de conviction. Nous rajoutons que ce traitement de la surface pariétale faite avec un grand a - propos se retrouve au registre du dessous avec l'image de la pendaison de Judas, isolé et comme « coincé » entre l'angle du mur et le chambranle de la porte : une sorte de petit coin

---

[1]Pietro et Ambrogio Lorenzetti -Chiara Frugoni - Scala 1995 p.16

abandonné mais terriblement réaliste. Cette capacité a utilisé l'espace architecturé est exprimé aussi par le banc en trompe - l'œil (Fig. 27)

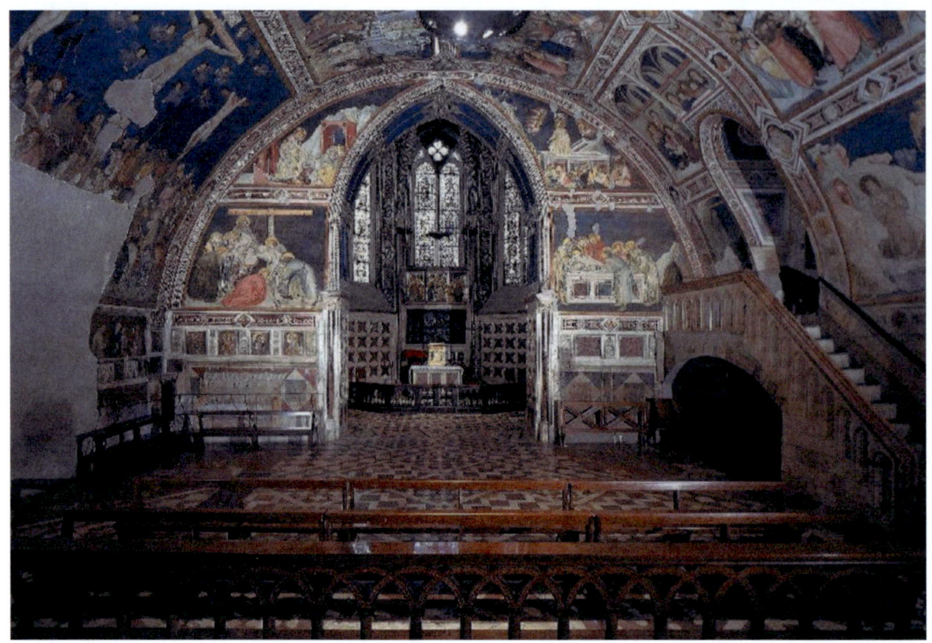

Fig. 27 Vue d'ensemble des fresques - 1320 - 1340 - de Pietro Lorenzetti à la basilique inférieure d'Assise

que Pietro peint sous la scène de la Descente de la Croix comme s'il voulait inviter le visiteur à s'asseoir pour méditer devant un tel spectacle.

Par cet exemple où la composition picturale signifie / symbolise/ exprime le sens de la scène -tel que le texte des Evangiles le donne à lire : Le Christ est placé en position inférieure à ses disciples, grâce à cette estrade imaginée -à cause de la voûte de la porte- atteste de la capacité de Pietro à inventer des situations picturales innovantes et si « justes » pour rendre compte de l'histoire sainte. Pietro Lorenzetti (1280 -1348) fut comme son frère un inventeur de procédés qui enrichirent le statut du peintre comme plus tard Léonardo da Vinci le défendra quand il soutiendra que la peinture est « cosa mentale » et qu'elle mérite un statut reconnu aussi digne que la poésie. Le fameux : Ut pictura pœsis -d'Horace qui dit « la peinture comme la poésie » sera un débat des lettrés pour toute la Renaissance et au-delà jusqu'au XVIIème siècle, à savoir qu'elle est de l'une et de l'autre, celle qui domine. Débat fécond car il permit à la peinture d'être considérée non plus comme un travail « sale » comme l'écrivait encore Cennino Cennini dans son Libro delle arte à propos en particulier de la peintre «a fresco » à cause du plâtre, des échafaudages et de la contrainte de peindre vite dans le temps de la « jornata » ...

C. Solution 4 - Un continuum peint pour narrer la *storia*- Absence de cadre peint / prise en compte des éléments architecturaux : voûte / fenêtre / angles

C-1 Castiglione Olona baptistère de Masolino da Panicale

Comme dans le cadre de notre mémoire de Master 1, nous avons analysé la place et le rôle de la fenêtre dans l'ensemble de la composition, nous voulons ici approfondir « l'idée » de Masolino da Panicale de « couvrir » tous les murs et les voûtes de cette petite chapelle du baptistère de Castiglione Olona pour transgresser les surfaces et donner à notre regard un ensemble cohérent tout en nuance.

Notre point de vue, à présent- est, donc, non pas de répéter ce qui a déjà été dit mais au contraire de profiter de ce lieu- unique car clos et où nous avons eu la chance d'aller en Juin 2016 pour argumenter comment -ici- Masolino da Panicale a *transgressé la surface / les surfaces* données par la composition des différentes scènes toutes juxtaposées sans cadre peint, ce qui est « nouveau » et pertinent quant à la signification de la « *storia* » représentée.

Ici, la peinture murale se développe d'une manière unitaire selon la structure de l'espace architectural. Entre 1422 et 1425, Masolino da Panicale travaille au baptistère pour répondre à la demande du cardinal Brenda Castiglione en développant la vie de St Jean- Baptiste avec le baptême du Christ, en œuvre centrale.

Cette chapelle est constituée de deux travées de dimensions modestes (Dimensions de la pièce principale 5,56 x 4,73 m /hauteur des murs: 5 m /dimension du chœur 3,72 x 2,04 m / largeur de l'arc unique du chœur : 0,77 m) séparées par un arc, la première est recouverte d'une voûte en berceau, la seconde plus spacieuse d'une voûte d'arêtes.

c-1-1- Description de la peinture murale : un continuum cohérent

Le cycle commence *à gauche* de la porte d'entrée par l'annonciation à Zacharie et continue sur la droite avec la Visitation (Fig. 28).

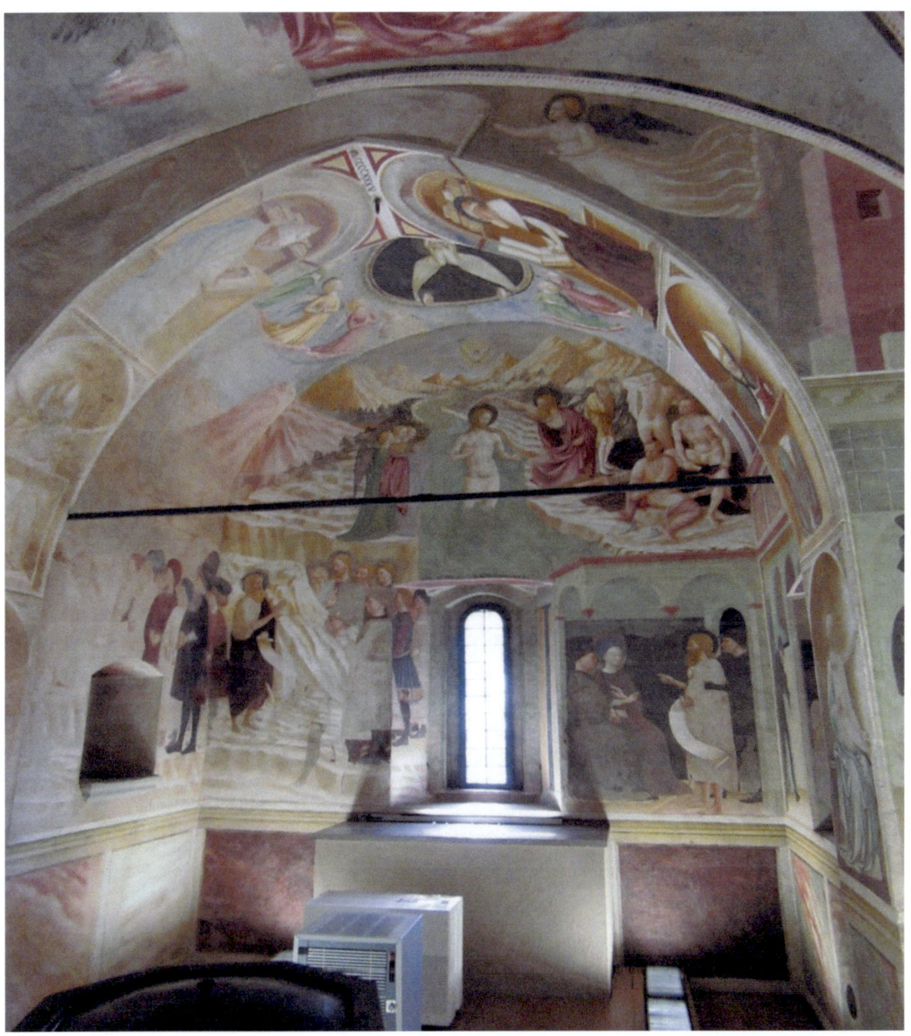

Fig.28 Vue de face en entrant au Baptistère de Castiglione Olona

Les fresques du mur nord relatent la naissance de Jean - Baptiste. Le programme continue sur le mur sud avec le festin d'Hérode, Salomé apportant la tête décapitée de Jean Baptiste à Hérode et l'enterrement de Saint Jean-Baptiste. Le registre médian comporte les scènes les plus importantes du cycle : Saint Jean-Baptiste prêchant au désert et le baptême du Christ au Jourdain, puis Hérode et Hérodiade et Saint Jean - Baptiste en prison. Sur la voûte, l'image des quatre évangélistes avec leur symbole respectif complète le programme iconographique.

Si nous respectons ce que nous avons regardé et photographié en Juin 2016 nous partons du mur de gauche pour poursuivre avec le mur qui nous fait face pour terminer par le mur de droite.

c-1-2- Solution 4 : lier les scènes entre elles / absence de cadre peint

Ce qui frappe est la manière dont les embrasures des fenêtres aussi bien la centrale que celle de droite (quand on entre de face à la fenêtre) sont traitées :

1 - **L'embrasure de gauche** continue avec le groupe des disciples qui écoutent Jean- Baptiste au désert et dans la partie du haut, dessinant le paysage, les montagnes sont peintes en continuum d'une manière très fluide et la couleur pastel contribue à suggérer une ambiance calme bien que désertique. La chaîne de montagnes se poursuit logiquement au-dessus de la rivière du Jourdain où la personne de Jésus prend place au centre de la composition sous le regard de Dieu son père qui -pour suggérer encore mieux sa bénédiction- ouvre ses mains en signe de protection. Notre regard passe ainsi de gauche, au milieu, au-dessus de la petite fenêtre, où est inscrite une phrase indiquant le baptême du Christ.

2- **Le haut de l'embrasure** souligne de manière redondante par les mots inscrits en noir qu'il s'agit bien du baptême du Christ

Pour souligner l'acte en train d'avoir lieu en figuration peinte, une redondance (image / texte) qui affirme sans doute la volonté de Masolino da Panicale de répondre à la demande du cardinal Branda, soucieux de pédagogie : l'image affirme le message ecclésial -ici- le Christ se fait baptiser dans le Jourdain comme l'adulte ou l'enfant qui - dans ce baptistère - viendront se faire baptiser sur ces fonds baptismaux offrant l'eau de la purification par le Christ, du péché originel.

« Revêtir le Christ, pour devenir un être nouveau » comme le dira St Paul dans l'épître aux Galates : *« Car vous êtes tous fils de Dieu par la foi en Jésus-Christ ; vous tous, qui avez été baptisés en Christ, vous avez revêtu Christ. 28 Il n'y a plus ni Juif ni Grec, il n'y a plus ni esclave ni libre, il n'y a plus ni homme ni femme ; car tous vous êtes un en Jésus-Christ. Et si vous êtes à Christ, vous êtes donc la postérité d'Abraham, héritiers selon la promesse. Galates 3 - 27 St Paul Lettre aux Galates*[1] .
Dans le baptême de Jésus se manifeste la Gloire du Christ, par le témoignage divin du Père et de l'Esprit : « Celui-ci est mon Fils bien-aimé ; en Lui j'ai mis tout mon amour. » (Matthieu 3, 17) Le Père, le Fils et l'Esprit sont tous trois révélés au monde.

La fresque de Masolino figure très adéquatement cette relation entre Dieu le Père qui envoie son Esprit sous forme d'une colombe pour attester de la filiation de Jésus avec son Père aux cieux. La composition en verticalité donne à voir cette relation entre le fils et son Père. De plus, Masolino a peint avec une précision anatomique les autres hommes venus recevoir le baptême de Jean, témoignant dans sa peinture même de la place déjà donnée à ceux qui viendront recevoir le baptême dans le baptistère de Castiglione. La visualisation de cette humanité en attente de purification dans l'eau du Jourdain renforce le message de la fresque.

---

[1]Site *http://www.enseignemoi.com/fabien-weigel/texte/revetir-christ-15180.html*

3- **L'embrasure de droite** matérialise une porte à deux battants ouverte (Fig. 29) nous donnant l'illusion d'entrer dans une pièce, autre lieu de la *storia,* l'angle architectural de l'embrasure servant de pilier peint qui semble s'avancer vers nous, creusant un espace en trois dimensions, comme chez Matteo Giovannetti à la Chapelle St Jean du Palais des Papes pour aussi narrer la *storia* de Jean-Baptiste.

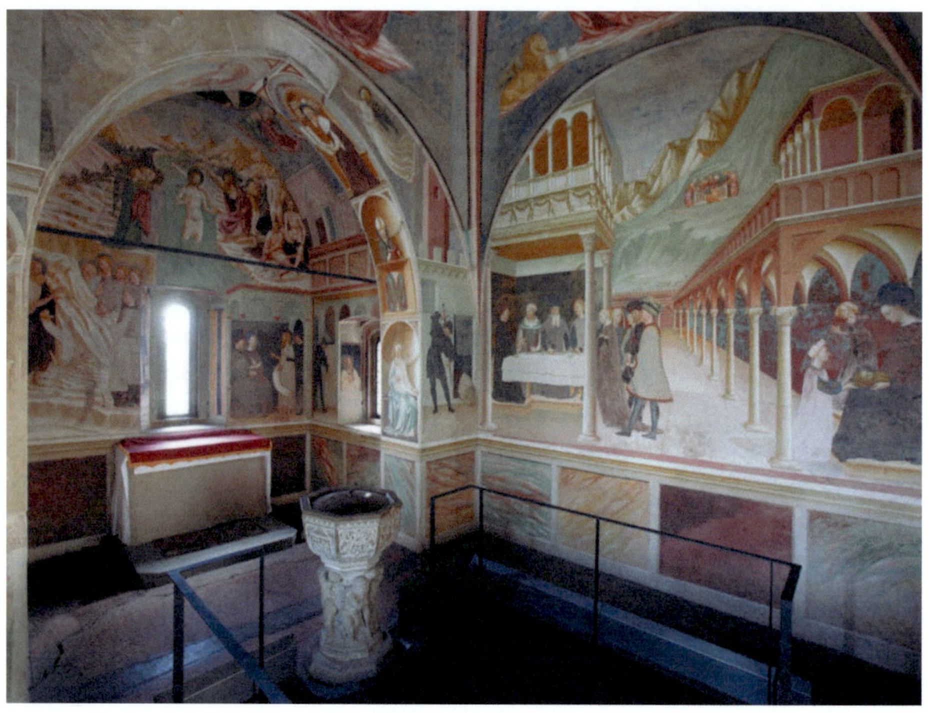

Fig. 29 Mur de droite avec la décollation de St Jean Baptiste et le banquet d'Hérode

4- **L'embrasure de la fenêtre de droite** montre distinctement Jean baptiste derrière les barreaux de sa prison, ce qui donne à voir un autre lieu de l'histoire de Jean Baptiste.

Les embrasures constituent des « lieux » soit de « passage » pour garder la même image soit au contraire de « transition » pour narrer l'histoire en respectant le chemin de notre regard d'un mur à l'autre. Elles ponctuent la narration picturale de la *storia* avec cette mise en avant du bourreau en noir à la pose si bien dessinée qu'elle attire l'œil pour « toucher » notre sensibilité et ainsi participer émotivement à ce martyr exemplaire. La composition du banquet d'Hérode qui accentue la profondeur et la préciosité des personnages ainsi que l'irréalité du paysage au lointain équilibre l'ensemble pour solliciter au mieux notre compréhension. La scène la plus importante demeure celle du Christ recevant le baptême de Jean, située au centre même de la surface pariétale.

c-1-3- Transgression de la surface

La transgression de la surface est animée ici par le regard de Dieu le Père qui envoie son Esprit en direction de son Fils indiquant clairement une verticalité qui croise une horizontalité délicatement peinte par Masolino qui peignant les embrasures des fenêtres et les angles s'attache à figurer le continuum de la vie de Jean- Baptiste qui subit le martyr à cause de sa Foi.

Notre regard suit avec logique ce mouvement de la fresque allant de gauche à droite et de haut en bas, formant une croix. Ce geste de notre regard restitue à la *storia* ce qui n'est pas montré : le lieu même de la Croix - lieu du salut du Chrétien qui en entrant dans la chapelle se signe, en faisant le signe de croix, revivifiant par ce geste son appartenance à la communauté des Chrétiens, devenus fils et filles de Dieu par le baptême. Notre présence en ce lieu a été « pensée » par Masolino qui avec une grande économie nous invite à comprendre « en regardant » l'essentiel du message chrétien du baptistère : un signe de croix visuel qui invite à un autre signe gestuel si celui qui regarde appartient à la communauté des baptisés en Christ. Pour les autres, le message pictural est clair : ici a lieu le baptême du Christ par Jean Le Baptiste a l'image de celui qui sera célébré par le prêtre, officiant dans la cérémonie du sacrement de baptême s'il a lieu.

C- 2- La Chambre du Cerf à Avignon Palais des Papes

Après avoir étudié les fresques de la chapelle St Jean et St Martial peintes par Matteo Giovannetti en 1348 et en 1346 qui ont témoigné de l'audace de ce peintre italien de Viterbe à utiliser les surfaces des embrasures des fenêtres des chapelles pour créer cette profondeur feinte qui s'harmonise avec les autres architectures peintes, nous nous attachons à présent à mettre en regard une fresque « totale » sans transition entre les différentes scènes qui fut peinte pour le pape Clément VI en 1343.

« Des artistes français et italiens, dont Matteo Giovannetti, travaillèrent à la chambre du Cerf, où Clément VI fit installer son lit, au quatrième étage de la Tour de la garde-robe. Les murs sont décorés des scènes de chasse, de pêche et autres passe-temps champêtres, sur fond de paysage enchanteur. Ce cycle, admiré par les souverains et les hauts dignitaires qui avaient accès à l'intimité du pape, eut une influence considérable sur le développement d'un certain type de peinture profane, de style « gothique international ». Lors de notre séjour en Italie en juin 2016, nous pûmes constater qu'au petit palais du cardinal Branda, transformé en musée, la chambre du Cardinal Branda à Castiglione présente une peinture murale faite de motifs végétaux, arborés moins riches que celles d'Avignon mais présentant le même principe de décoration en « tapisserie », peinture allant du haut en bas des quatre murs de la chambre avec des motifs répétés. Malheureusement nous oubliâmes d'en faire une photo.

c-2-1 Description du lieu et de la fresque

Comme le texte du site du Palais des papes le précise :
« Un étroit couloir conduit de la Chambre du Pape à la Chambre du Cerf, cabinet de travail de Clément VI (Fig. 30)

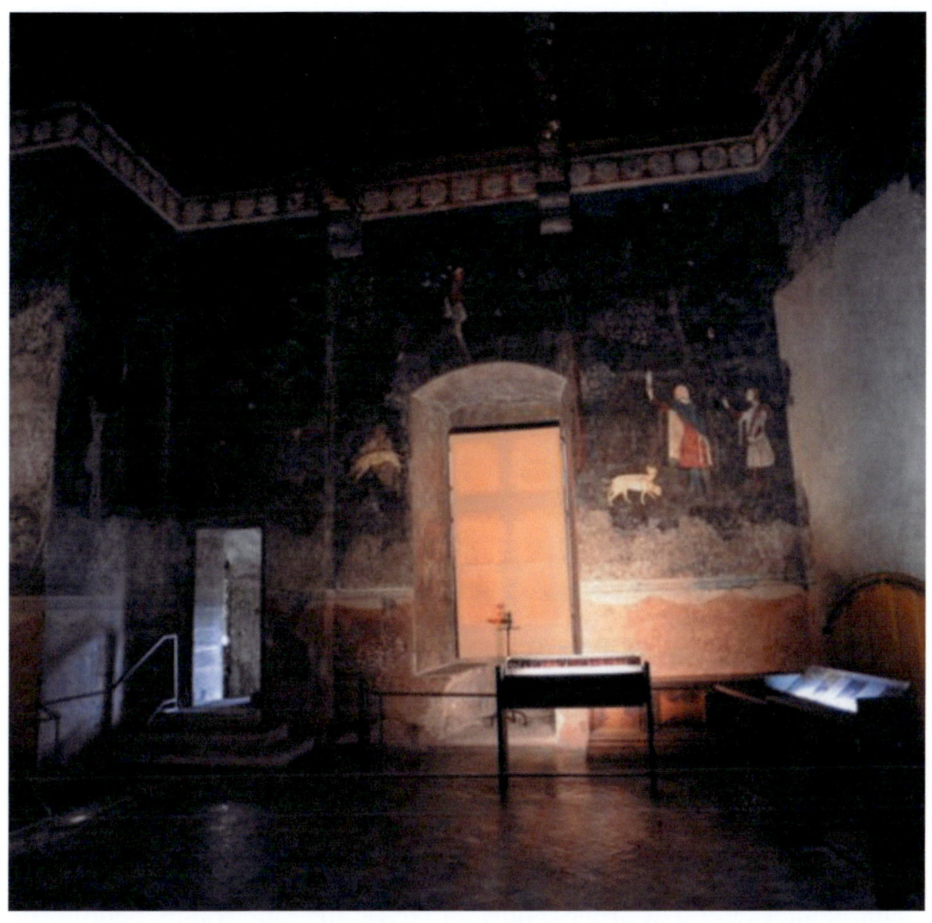

Fig. 30 La Chambre du cerf Palais des papes Avignon

L'équipe franco-italienne qui a œuvré ici en 1343, a évoqué en un panorama ininterrompu les plaisirs seigneuriaux. Diverses techniques de chasse et de pêches sont présentées : chasse à l'appcau, chasse au furet, pêche dans le vivier.

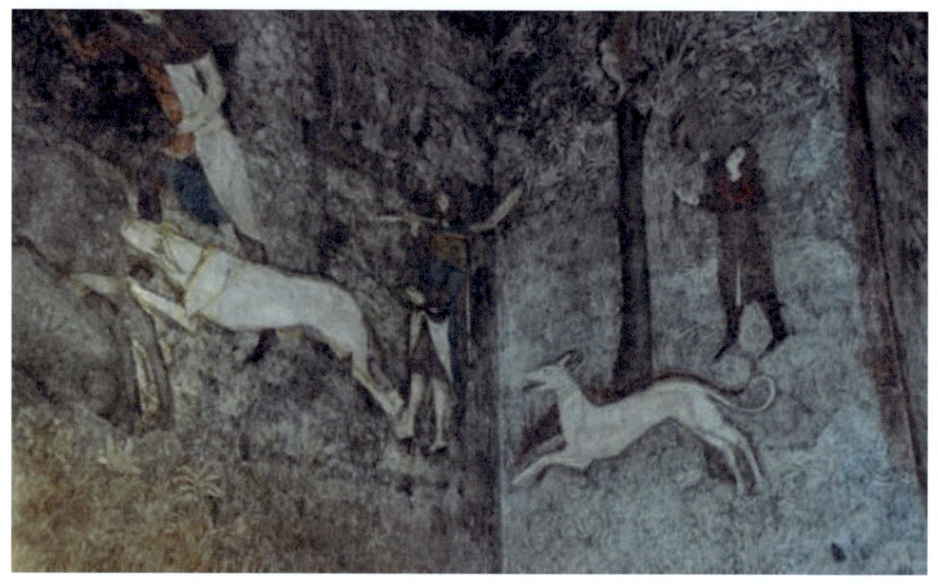

31 Détails des chiens de la Chasse à cour en angle

La scène de chasse au cerf (Fig.31), loisir aristocratique par excellence, a dû marquer les esprits puisqu'elle a laissé son nom à la salle. Domestiquée et paisible, la forêt qui apparaît en fond, offre une luxuriance d'arbres, de fruits, d'herbes et de fleurs. Dans les arbres, des personnages cueillent des fruits et dénichent des oiseaux. Sous la charpente richement ornée, court une frise, sur fond rouge, peuplée de scènes de pêche (Fig.32) de chasse (Fig.33) et d'animaux réels ou fantastiques.

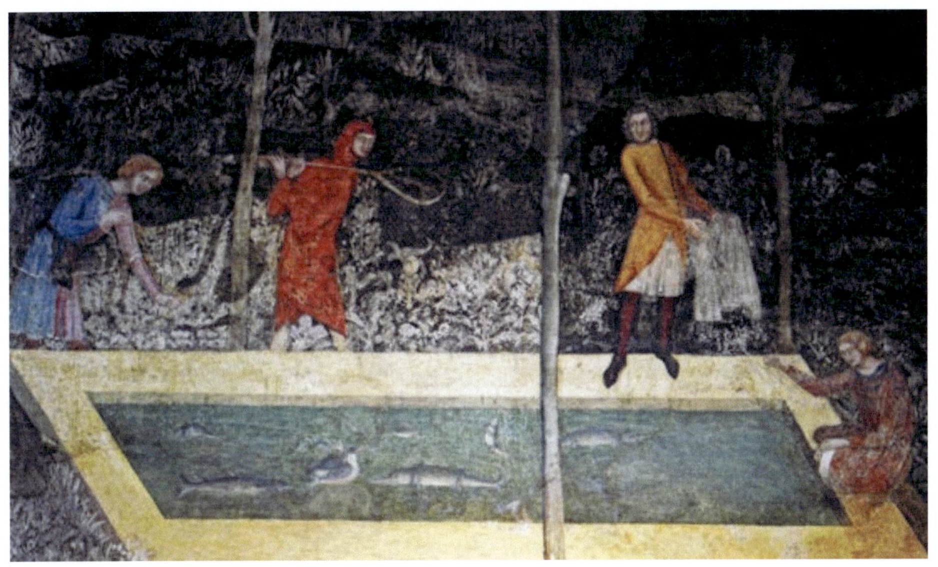

Fig. 32 Détails du bassin des poissons 1337- 1338

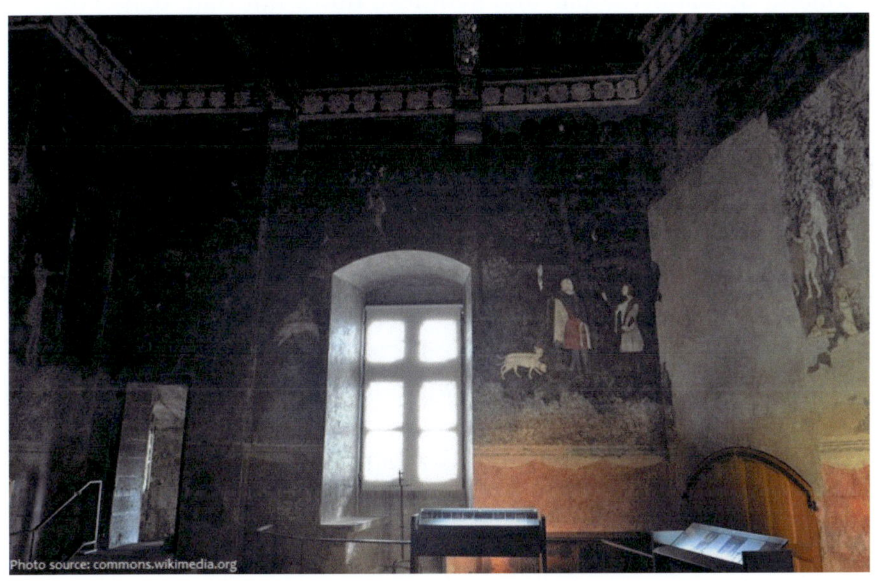

Fig. 33 Chambre du cerf 1337 - 1338

Michel Laclotte a été l'un des premiers à souligner toute l'innovation que représentait le choix du thème naturaliste des fresques décorant le *studium* de Clément VI. Ce spécialiste de la peinture du Trecento considère que :

« *La chambre du cerf est le premier ensemble mural parvenu jusqu'à nous, dont le thème sylvestre soit interprété avec un naturalisme vraiment descriptif. Des sujets profanes apparaissent dans le décor mural, en Italie et en France, dès le XIIIe, mais ceux qui subsistent sont le plus souvent traités avec un esprit tout conventionnel. Nous trouvons là en revanche un sens vrai, à la fois réaliste et poétique, de la nature mystérieuse et foisonnante, monotone et diverse, bruissante et pourtant calme* »[1]

Il conclut son analyse par une synthèse qui a fait date dans l'histoire de l'art médiéval tardif ou « gothique international » :

« *On sait que Clément VI passa la première partie de sa vie en France. Est-ce en se souvenant des tapisseries d'Arras à sujets de verdure et de chasse qu'il y put admirer, qu'il souhaita un décor semblable pour son studium ? C'est probable. Une idée française traduite en langage italien, les fortes conceptions plastiques des héritiers de Giotto au service de l'idéal courtois du Roman de la Rose, tel serait l'heureux accord conclu à la chambre du cerf entre une civilisation et un style.* »

Dominique Vingtain, conservatrice en chef actuelle (2017) du Palais des Papes, considère que : « *Les peintures de la chambre du cerf témoignent de la volonté*

---

[1]Michel Laclotte et Thiébaut *L'école d'Avignon* Flammarion - 1983

de Clément VI de faire réaliser une composition incomparable relevant d'un goût nouveau pour un naturalisme qui ne connaissait pas d'équivalent que ce soit à Avignon ou ailleurs. ».

c-2-2 - Analyse et sémiologie du procédé mis en place par le peintre

Pour notre corpus, cette peinture murale qui couvre toute la surface pariétale de la pièce s'apparente à la manière dont Masolino da Panicale a lui aussi couvert de sa peinture l'ensemble des murs du petit baptistère de Castiglione Olona (1435) . Cependant la comparaison met en relief une différence notoire : ici, il n'y a pas d'éléments architecturaux prégnants et les fenêtres et les embrasures sont traitées dans un continuum décoratif qui tend à unifier » visuellement la fresque (travail à fresque avec des retouches à sec)[1] qui se répand du haut en bas sans laisser de vide ni de transition puisqu'il n'y a aucun cadre peint, excepté la frise héraldique (aux blasons quasi effacés de Clément VI)[2]qui fait la jonction avec le plafond, qui elle délimite et « cadre » non plus une scène mais bien l'ensemble de la décoration murale de part et d'autre des quatre murs. Le trompe - l'œil peint d'un rideau orangé, accroché à espaces réguliers, de même couleur, contribue à unifier l'espace peint qui nous sollicite telle une tapisserie, un décor riche de détails, précieux dans sa facture et dans la profusion de détails réalistes, d'une vie domestique seigneuriale de bon aloi pour un pape qui souhaitait manifester par cette commande son pouvoir tant temporel que spirituel.

Les scènes représentées se fondent les unes dans les autres pour laisser voir des activités diversifiées mais toutes unies par le

---

[1]Étienne Anheim
[2]Étienne Anheim La chambre du cerf -

même traitement de la surface, la taille des personnages, la profusion d'un fond arboré et floral dominant.

Les angles des murs comme la course des chiens appartenant à la Chasse à courre sont traités dans un continuum qui accentue l'unité et le dynamisme du mouvement des chiens (Fig.23-f-) .

c-2-3 - Bilan et place de ce procédé en regard des autres / comparaison et signification.

Ce qui reste à noter est le caractère profane de cette peinture murale, qui atteste du goût de l'époque pour représenter la nature (la forêt), sa faune et sa flore. E. Castelnuovo [1] rappelle qu'au Trecento, en 1340, à Avignon se développe une tendance forte à célébrer « *une attention affectueuse portée à la vie des champs, des représentations minutieuses de plantes et d'animaux, d'arbres et de prairies* ». Cependant comme le souligne E. Anheim, ce décor a été voulu par un pape Clément VI très soucieux de sacraliser la fonction papale. Une manière de montrer que jusque dans sa Chambre, son *studium,* ce pape qui commanditera quelques années plus tard les fresques des Chapelles St Martial et St Jean sait faire appel aux meilleurs peintres de son temps pour embellir son environnement plus personnel. Des interprétations diverses sont faites sur la valeur symbolique des animaux, le cerf pouvant représenté le Christ etc.. mais ce qui nous intéresse dans cette Chambre, c'est la manière picturale dont sont représentées les différentes scènes qui toutes se succèdent les unes aux autres selon un rythme et un mouvement des animaux qui -de fait- les rendent vivants à nos yeux.

La beauté des dessins et des couleurs de la décoration adoucit la dureté et la froideur des murs de pierre d'un édifice qui- dans son ensemble- ressemble plus à une forteresse qu'à un palais seigneurial.

---

[1]Castelnuovo Enrico - *Un peintre italien à la Cour d'Avignon : Matteo Giovannetti et la peinture en Provence au XIV ème siècle -* traduit de l'italien par Simone Darses et Sylvie Girard - 1996

Ce soin apporté par Clément VI à son appartement (ce qui deviendra le *studiolo à Mantoue par exemple)* à une décoration vue quotidiennement par ses proches et par ceux qui sont autorisés à y venir, renforce cette conviction que le pouvoir de la peinture en trompe- l'œil (en partie) signe la marque d'un pouvoir visuel, apte à essaimer par la force de sa réalisation même. Cette influence de la cour des papes d'Avignon essaimera en Espagne, à Paris et dans toute l'Europe.

****

Ainsi au terme de ce chapitre 2 qui constitue l'essentiel de notre master 2, nous espérons que le lecteur est convaincu des avancées menées par ces peintres du Trecento et du Quattrocento dans leur capacité à se servir des éléments architecturaux qui -à la fois- les contraignent et aussi leur offrent des opportunités pour proposer des représentations picturales novatrices.

Comme l'écrit Steffi Rœttgen[1] (p.10) : » L'architecture feinte qui masque le mur s'unit à l'architecture réelle et se prolonge même dans la composition de l'image -autre artifice de génie permettant de mieux intégrer l'observateur dans l'événement mis en scène devant lui. »

Et de continuer : « Le jeu avec le trompe-l'œil, si bien nommé, englobe aussi le plafond, ce qui fut mis en pratique par Mantegna (La chambre des Époux - 1474) à Mantoue. » Une autre période du travail de la fresque qui en s'appropriant le trompe - l'œil annonce le pouvoir visuel troublant du baroque et aussi du « *bel composto* » comme le Bernin le donne à voir à l'église Santa Maria Della Vittoria de Rome, en 1652, moment d'apogée de l'illusion visuelle qui mêlant peinture, sculpture et bas - reliefs tend à inclure par la force suggestive de nos yeux étonnés et ravis, une adhésion de notre âme et de notre esprit face à la pâmoison de Ste Thérèse, ravie par son Seigneur.

---

[1]Rœttgen Steffi *Fresques italiennes de la Renaissance 1470- 1510* Citadelles et Mazenod - 1997 (p.10)

95

Cette étude des fresques du Trecento et du Quattrocento qui - transgressent le cadre, les surfaces pariétales pour donner à voir leur représentation picturale de scènes en continuum en tentant de donner l'illusion de la profondeur et aussi du volume en trois dimensions pour figurer par la peinture la réalité « réelle » de ce qui est représenté-, amorce une recherche picturale d'une *mimésis* poussée à l'extrême pour signifier *en peinture*, un monde où les histoires légendaires pour notre corpus essentiellement religieuses, nécessitaient un regard nourri de connaissance face à ce qui était prêché, ou lu, mais aussi « naïf » face à des images qui plus belles et plus « fortes » pour le regard tendaient à faire vibrer chez le regardeur ou le fidèle, une adhésion sensible de leur âme, sensible à la beauté des formes peintes, si tangibles qu'elles donnent envie de les toucher. Étonnement, émerveillement face à des œuvres picturales qui envahissent toute la paroi et débordent même du cadre strict que la tradition leur avait imparti.

****

CONCLUSION

Dans cette conclusion de synthèse, nous nous attachons à ouvrir un tant soit peu les dates de notre corpus de 1300 à 1500 pour manifester un mouvement, une dynamique qui affirme que la peinture murale par la dimension et l'espace offerts a fourni aux peintres du Trecento et du Quattrocento les conditions optimales pour restituer la réalité.
Aussi en deux temps pouvons-nous synthétiser notre recherche :

A/ Une occupation unitaire de l'espace à peindre

L'étude des faits de peinture des fresques de notre corpus de 1300 à 1500 atteste de cette volonté des peintres d'occuper unitairement l'espace à peindre. Que ce soit Masolino da Panicale à Castiglione Olona en 1435 ou Filippo Lippi au duomo de Prato en 1466, la composition picturale s'étend sur la totalité du baptistère sans ménager de transition, l'architecture peinte s'adosse à la représentation de la montagne sans aucune gêne, et les embrasures des fenêtres sont mises à profit pour « filer » le continuum de la *storia* « comme on file une métaphore » : la couleur, les formes, les proportions des personnages adaptées au volume de la pièce s'harmonisent en un rythme, un mouvement des gestes et des attitudes renforcées par la délicatesse des expressions des visages, tous individualisés et terriblement expressifs. Cette recherche de la composition d'ensemble et du détail séduit et Masolino da Panicale souvent considéré comme un peintre encore marqué par le « gothique » nous semble très ingénieux et terriblement séduisant dans sa manière stylistique comme nous l'avions déjà noté avec la fresque de St Catherine à San Clemente à Rome dans le cadre de notre étude de Master 1.
Nous pourrions faire les mêmes remarques pour la manière dont Matteo Giovannetti s'empare du volume pariétal de la Chapelle St Martial ou de la Chapelle St Jean. Tout le relief architectural est pris en compte avec finesse et justesse pour couvrir avec précision et

fluidité les surfaces à peindre, mettant en relief comme nous l'avons étudié, les angles des embrasures pour créer cette illusion de profondeur des architectures peintes qui profitent au mieux de celles proposées par le lieu . Cette intelligence à savoir utiliser les formes « en volume » de l'architecture atteste d'un regard géométrique et d'un « œil » qui sait voir la réalité architectonique pour l'utiliser avec justesse. L'illusion visuelle n'en est que plus forte et ce « jeu » avec le bâti procure à notre regard une jouissance visuelle, apte à solliciter de notre part admiration et désir de connaissance. Non, la peinture n'est pas chose matérielle, mais bien « cosa mentale » comme l'écrira plus tard Léonard de Vinci.

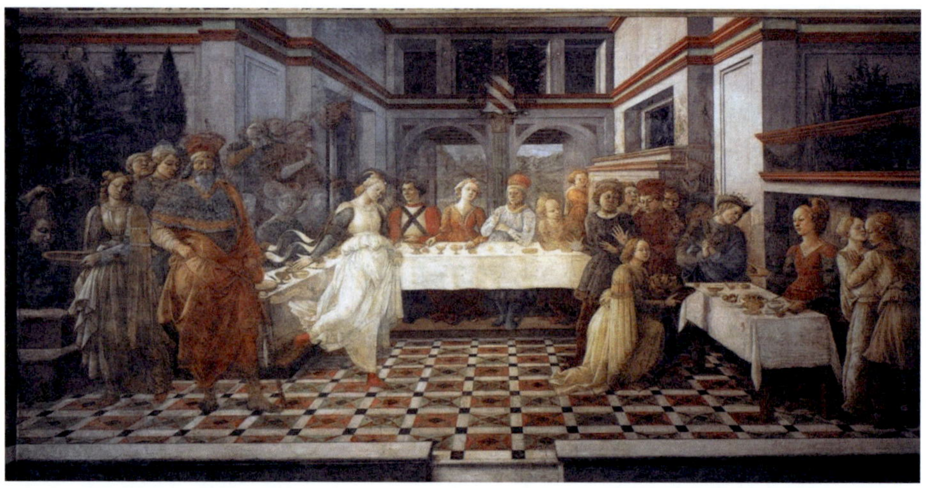

Fig. 34 Détail du banquet d'Hérode Filippo Lippi Prato

Cette attitude picturale des peintres de notre corpus à donner à voir en continuum la fresque, il nous affirme la capacité de l'artiste peintre - ici fresquiste- à construire à partir d'un monde connu - celui de notre réalité, un autre sublimé, monde qui sans eux demeurerait prosaïque et matériel. Si vous regardez à nouveau le festin d'Hérode de Lippi (Fig. 34), vous êtes frappés par le mouvement et la vie qui se dégage de cette scène, peut-être même plus que si elle était - en vrai- devant nos yeux. Les lignes du vêtement de Salomé et la stature imposante d'Hérode au premier plan prouve la capacité de Lippi à « scénariser » la scène pour la rendre dramatique tout en lui donnant paradoxalement une impression de légèreté, de jeunesse et de beauté.

Nous avons cru déceler chez ces peintres en regardant leur technique dans le détail - à propos de notre sujet d'enquête- une propension à scénariser globalement les scènes de la vie des saints tout en sachant pareillement travailler le détail d'une attitude, d'un geste ou l'expression du visage nous les rendant -encore aujourd'hui- contemporains parce qu'ils témoignent tous d'émotions humaines : St Étienne le recueillement et l'absence de peur, St Jean Baptiste la noblesse de caractère avec cette tête plus grosse que nature affichant une quiétude alors que sa tête décapitée est posée sur la plateau, la retenue effrayée de la servante qui le porte, le regard effrayée d'une autre servante que Masolino peint avec tant de précision pour le même banquet d'Hérode. C'est cet équilibre entre la composition générale et la précision du détail qui confère à cette peinture pariétale sa richesse et sa pérennité.

B/ Une dynamique picturale qui implique le regardeur

Mais encore et fondamentalement, ces fresques offrent dans leur cycle un nouveau rapport entre l'image et le spectateur.

Elles témoignent concrètement par la manière dont nous l'avons analysé dans le chapitre 2 d'un savoir-faire pour trouver des « solutions » qui attestent de leur transgression de la surface. Non seulement ces fresques témoignent de l'art des peintres mais elles tissent avec nous un lien de relation spatiale qui, si nous ne l'analysions pas, se ferait à notre insu, pour nous faire participer par notre regard même à la scène représentée. Nous l'avons montré avec le jeu des angles avec Lippi qui nous lance la pierre qui tombe sur le corps du pauvre Étienne : il ose construire cette relation virtuelle car visuelle avec nous se servant du pouvoir même de notre regard. Comme Maldiney le précisait nous devenons « acteurs », de notre vision, non pas parce que nous le voulons mais parce que le peintre a décidé de nous y placer.

Cette continuité entre l'espace de l'observateur et l'espace de la scène observée est le propre de la technique du trompe - l'œil ; cependant dans les fresques de notre corpus, ce n'est pas pour être « trompé » que le peintre nous fait agir ainsi mais bien pour rendre plus réelle la scène représentée. Nous ne sommes pas trompés par lui, au contraire, nous devenons participants à la scène soit pour en être horrifiés, soit pour en être émus, l'émotion étant le vecteur d'une adhésion non pas intellectuelle mais corporelle, sensible, qui demeure dans notre souvenir plus longtemps et de meilleure manière que si, il n'y avait pas eu d'émotion.

Ainsi, en ayant redonné ici les acquis novateurs qu'offre la peinture des fresques murales au Trecento et au Quattrocento, il nous apparaît que ce sujet qui au départ pouvait sembler insignifiant parce que touchant à un « détail », *in fine,* contribue de haute manière à replacer ces fresques et leurs créateurs au cœur d'une dynamique qui demeure d'autant plus intéressante qu'elle se situe dans les prémisses de ce phénomène fondamental de la peinture, à savoir : donner l'illusion de la réalité en la magnifiant grâce à la technique de la peinture jointe à la pensée du peintre mais tout autant par le jeu avec lequel il nous incorpore à son œuvre.

Pour l'art musical, notre participation semble plus immédiate car immerger dans le son -nos oreilles ne peuvent qu'entendre - nous nous laissons envahir par la musique, avec la peinture, nous aurions pu croire que la distance était plus grande et, en fait, avec cette attitude active du regard qui accentue notre volonté de voir sensiblement, nous nous laissons envahir par l'espace de la peinture, a fortiori, si, in situ, l'espace de l'architecture nous y a déjà préparé, ce qui est le cas avec les fresques.

La fréquentation de ces fresques du Trecento et du Quattrocento ouvre le désir d'une autre quête qui en histoire de l'art semble inépuisable : celle de revisiter celles qui comme nous n'avons pu que l'esquisser poursuivent (au-delà de notre période choisie) selon des moyens picturaux en des lieux divers, cette capacité du peintre fresquiste à créer un monde d'illusion de plus en plus troublant pour nos sens, séduits que nous sommes devant tant de beautés.

Bibliographie

ANTOINE Jean Philippe - Mémoires, lieux et invention spatiale dans la peinture italienne des XIII et XIV ème siècle in Annales. Economies, Sociétés, Civilisations 48 eme année N.6 - 1993

ANHEIM Étienne « La Chambre du Cerf. Image, savoir et nature à Avignon au milieu du XIVe siècle », *I saperi nelle corti. Knowledge at the court, Micrologus*, XVI, p. 57-124.

ARASSE Daniel *Décors italiens de la Renaissance* Hazan 2009

ARASSE Daniel *L'homme en perspective . Les primitifs d'Italie* - Hazan 2011

ARASSE Daniel *L'annonciation Italienne* Hazan - 2003

BASCHET Jérôme - *Lieu sacré, lieu d'images, les fresques de Bominaco (Abruzzes, 1263) Thèmes, parcours, fonctions* - Editions La Découverte Ecole française de Rome « Images à l'appui » N°5 1991

BAXANDALL Michael - *L'œil du Quattrocento, l'usage de la peinture dans L'Italie de la Renaissance* traduit de l'anglais par Yvette Delsaut coll Bibliotheque des Histoires Série Illustrée Gallimard 1985

BECCHIS Michela - *Pietro Lorenzetti (1280- 1348)* - Ed Silvana - 2012

BELTING Hans *L'image et son public au Moyen Age* Paris -Gérard Montfort - 1998

BROWN Peter La société et le sacré dans l'antiquité tardive, traduit de l'anglais par Aline Rousselle Des travaux Seuil, 1982 / Society and the Holy in Late antiquity, recueil d'articles réunis par Peter Brown -département d'études classiques Université de Californie BERKELEY décembre 1979

CALABRESE *L'art du trompe- l'œil* - Citadelles et Mazenod - 2010

CASTELNUOVO Enrico - *Un peintre italien à la Cour d'Avignon : Matteo Giovannetti et la peinture en Provence au XIV ème siècle* - traduit de l'italien par Simone Darses et Sylvie Girard - 1996

CARERI Giovanni - Envols d'amour - Le Bernin : montage des arts et dévotion baroque éditeur Usher 1990 traduit de l'italien par Michelle Coquet Préface de Hubert Damish

De Giotto à Bellini : les primitifs italiens dans les musées de France -Exposition du Musée de L'Orangerie -Paris Editions des Musées nationaux 1956

DIDI HUBERMAN Georges - *Puissances de la figure, Exégèse et visualité dans l'art chrétien* in chap IV *L'image ouverte, Motifs de l'incarnation dans les arts visuels* - Coll Le temps des Images 2007 - Gallimard

A. EMILIANI, G.MONTANARI, P.PG. PASINI, *Gli Affreschi trecenteschi da Santa Chiara in Ravenna* -Longo Editore Ravenna 1995

FRANCASTEL Pierre, MARIN Louis, ARASSE Daniel - Journée de l'AHAI Nov 2009 Piero della Francesca Entre peinture, histoire et théorie, face au cycle de St François d'Arezzo

FOSSI Gloria Filippo LIPPI traduit par Laura Meijer - éd. Scala 1989

GARNIER François - *Le langage de l'image au Moyen Age* -2 vol - Paris Léopard d'Or, 1989

HAUTECŒUR Louis, *Les primitifs italiens* (biblio Paris) Laurens - 1931

HEYDENREICH Ludwig - *Eclosion de la Renaissance - Italie 1400-1460* - L'univers des Formes 1972

LEMOINE Michel (dir.), *L'image dans la pensée et l'art au Moyen Âge.* Actes du colloque organisé à l'Institut de France le vendredi 2 décembre 2005, (Rencontres médiévales européennes 6) Turnhout, Brepols, 2006

LACLOTTE Michel - Hommages à Michel Laclotte : études sur la peinture du Moyen Age et de la Renaissance Electa 1994 Réunion des Musées nationaux

LACLOTTE Michel - *L'école d'Avignon : la peinture en Provence au XIV et XVème siècle* Paris Gonthier -Seghers - 1960

LACLOTTE Michel Primitifs français - Hachette 1966

MALDINEY Henri *Regard, parole, espace* - Ed. du Cerf -2012

MARTINI Alberto *Masolino da Panicale à Castiglione Olona* - Skira -1965

MERLEAU PONTY *Le visible et l'invisible* - Coll. Tel. Gallimard - 1979

MOLINIE Anne Sophie - *Filippo LIPPI (1406- 1469) : la peinture pour vocation* éd. A propos - 2009

MILMAN Miriam *Les architectures peintes en trompe -l'œil* Skira - 1992

PŒSCHKE Joachim les fresques italiennes du temps de Giotto 1280-1400 Citadelles et Mazenod 2003

RŒTTGEN Steffi *Fresques italiennes de la Renaissance 1470- 1510* Citadelles et Mazenod - 1997

RŒTTGEN Steffi *Fresques italiennes de la Renaissance 1400 - 1470* Citadelles et Mazenod 1996

Les protagonistes de l'art italien Du Gothique à la Renaissance - Collectif - Hazan 2004

STRAUSS Erwin *Du sens des sens Contribution à l'étude des fondements de ma psychologie.* Ed. Millon Grenoble - 2000

VINGTAIN Dominique - *Le Palais des papes* -Zodiaque - 1998

VOLPE Carlo *La pittura riminese del Trecento - 14ème siècle* Milano - Mario Spagnole 1965

WIRTH Jean - *L'image à la fin du Moyen-Age* - Paris Cerf 2011

ZUFFI Stefano - *Le sens caché de la peinture de la Renaissance italienne*- Stevanato et Fiorenzo Molino Ludion 2010

Livre fait grâce à l'aide précieuse de Jean Clément.
Le 8 mai 2020 en plein confinement dû à l'épidémie de Covid19.